새 시
SASH

새시

초판 1쇄 발행 2024년 11월 15일

지은이 이아라
펴낸이 장길수
펴낸곳 지식과감성#
출판등록 제2012-000081호

교정 이주연
디자인 강샛별
편집 강샛별
검수 한장희, 윤혜성
마케팅 김윤길, 정은혜

주소 서울시 금천구 벚꽃로298 대륭포스트타워6차 1212호
전화 070-4651-3730~4
팩스 070-4325-7006
이메일 ksbookup@naver.com
홈페이지 www.knsbookup.com

ISBN 979-11-392-2219-7(03810)
값 12,000원

- 이 책의 판권은 지은이에게 있습니다.
- 이 책 내용의 전부 또는 일부를 재사용하려면 반드시 지은이의 서면 동의를 받아야 합니다.
- 잘못된 책은 구입하신 곳에서 바꾸어 드립니다.

지식과감성#
홈페이지 바로가기

새   시

SASH

이아라 제3시집

목차

시인의 말   13

제1장

새시(Sash)   16
3시   17
기나긴 웃음의 배열   18
도파민을 원합니다   20
당신을 깨울 준비를 합니다   22
시   23
취향이 다르다   24
상자를 열었습니다   26
삶은 수평이다   27
떠난 시간을 찾다가 지금을 발견하다   28
지구에 사랑이 사라진다면   30
구겨진 봉지   32
가로등 불에 눈이 어리었다   33
지난 과거는 슬픔으로 채색되어 만질 수 없다   34
신호등 앞에 선 삶   37
기억을 바꿔 준다   38

아무렇지도 않게 나에게 남아 있었다	40
그대여 가만히 있어요	42
사랑을 알아보지 못했습니다	43
끊이지 않는 향기가 되어라	44
다른 이의 아픔을 느끼며	45
텅 빈 자리를 아무도 보지 못한다	46
살아갈 이유를 찾아 본다	47
너의 손과 나의 손이 마주합니다	48
도하의 기적	49
포근한 빛이 깨어나더냐	50
동화 같은 이야기	52
애써 숨겨지지 않습니다	55
집착에서 벗어날 날개를 달아 드립니다	56
세상의 색을 읽는 시간	58
물거품이 되어 사라진다	60
발걸음의 한계점에서라도 만나자	62
새겨지는 글자	65
아픔이 끝나면 얘기해 줄래	66
아름다운 시간 여행을 떠난다	68
보조개의 비밀	70
여고 시절로의 여행	72
그대도 그렇게 살아요	74
마음도 물방울처럼 될까	76

어찌할까	78
허기진 나의 의지	80
감싸안는 침묵 안에서 무슨 일이 생긴 것일까	82
고독을 빼앗지 말아 주세요	84
참견	87
맛에도 사랑의 공기가 흐른다	88
노래에 마음을 빼앗기고	90
다시 나이를 제자리로 돌리며	92
느낌 어때	94
모른다고 하자	96
우리에게 보이는 건	98
다음 기회에	100
너를 천사라고 부른다	102
극치의 눈물	105
하루쯤 의도치 않게 다르게 살아간다	106
제목이 이리 중요합니다	108
고백할 줄을 모르는 그날에	109
타임 패러독스	110
도서관에 꽂힌 책들은 자유롭다	112
지난 이야기	114
풍요의 자유	118
원자로 읽게 되었는가	120
프랙털의 감각	122

당신을 느끼고 갑니다 124

생각해 125

낯선 각도의 비밀 126

자동문의 고백 127

글로나마 너에게 갈 수 있을지 128

재빨리 모를 뿐 129

쓴다 130

구멍 뚫린 양말을 꿰맨다 131

그래요 132

휴관일입니다 134

나만의 길 135

침묵의 세계 136

만취한 아픔을 말할 수 없어 웃었다 139

여러 색의 예감은 두리번거린다 140

채색이 현란하다 143

생각 안 하고 뭐 해요 144

책 표지에 엄마의 사랑이 씌워졌다 146

멀미하는 상자 148

그대가 그대로 전진 150

완벽한 바코드 152

너만의 너를 사랑하는 법을 찾을 때 155

아름다워질 수밖에 없는 것들은 156

시시한가 158

치유	161
소녀의 눈물	162
너의 십 년 후는 나의 십 년 후는 어떨까	164
사랑의 속도	167
허용된 공기	168
진짜와 가짜 사이	170
마음의 일기를 써 내려갑니다	172
투명한 너를 바라보는 관점	176
없던 블랙홀	178
치명적인 초침은 말한다	180
느리게 흐르는 미로	185
사실이었다	186
아무것도 감추지 않는가	188
외로움에는 틀이 있어 보인다	190
음곡(音曲)	192
공모전	194
기억의 상자	197
용건만 간단하게	198
탓	200
물을 수 없는 물음	203
Ghost의 법칙	204
불안함에 규칙적으로 통제하는 이 세상은 자유로운 삶이 될 수 있을까	206

저울질하는 세상의 무게를 알 수 없었다	208
언제나 이렇게 시작되었다	211
말할 수 없는 이끌림은 이유가 없었다	212
운이 참 좋은 거야	215
조각하는 기분으로 서 있었다	216
떨림을 맘껏	218
홀로	220
상속받은 시간	222
평범한 마음의 침묵은 거대한 힘이 있었다	227
부메랑을 꿈꾸며	228
떠오르지가 않아	230

제2장

무늬의 이면	236
가을의 취향	237
첫눈	238
첫눈 같은 그대	239
억새가 날아간다	240
가슴에 안긴 노란 장미	241
첫눈이지요	242
분리된 나를 발견한다	243

감이 떨어집니다	244
얼음에는 차가운 냄새가 난다	246
눈처럼 마음도 변덕을 부린다	248
별 향기	249
슬픈 비의 독백이 시작됩니다	250
차가운 입맞춤	252
사막의 그림자	253
봄의 선율이 아름다운 것은	254
꽃을 품어 봅니다	258
봄 그물	259
은하단	260
하늘은 우리와 많이 닮았습니다	261
남다른 산	262
이별의 무게	264
나풀거리는 미소	266
비의 마침표	267
꽃의 기도	268
눈 내린 그 거리에 홀로 피어 있었다	271
제철의 맛을 기억하라	272
눈의 행렬	275
별 말이야	276
이 별에서 그럼 이별해서	278
초록으로 가득한 세상이 얼마나 아름다운지	280

한 줌의 흙이 한 줌의 흙처럼 보이나요	284
새롭게 또렷해지는 밤하늘	285
겨울비 맞는 낙엽	286
그대를 만나고 오는데 뭐가 춥겠어요	287
아니었네요, 철쭉이었습니다	288
오로라	291
사계절을 읽는다	292
내 마음 반달에게	294
별과 함께 그렇게 왔습니다	295
걸려 있는 수평선 앞에서는 말이 없었습니다	296
하얀 구름	300
뜨거운 낭만을 느껴 보기도 전에	301
겨울비에 젖은 별	302
하늘은 구름을 안아 주지요	303
슬픔의 증발	304
구름을 벗어나 떠오르는 일출	306
함박눈이 펑펑 내리는 날	308
고백하지 않는 꽃	309
불 켜는 등대 어때요	310
눈처럼 가시려나요	315
눈물의 맛은 불분명하였다	316
모래의 얼룩	318
달 생각	319

눈(雪)으로 눈 맞춤을 합니다	320
젖지 않는 하얀 별	322
초록을 선명하게 스케치하는 날	324
달빛이 비칠 때	326
빈 의자에 물기를 말리는 중이다	327
아름다운 소리가 들린다	328
아이스크림처럼 사랑도 녹아내린다	329
지금 몇 시야	330
언 강물이 흐릅니다	333
산은 산인데 아름답지 않은 산이다	334
보이지 않는 달	337
이러다가 꽃 피겠어요	338
망각의 동종(銅鐘)이 필요하다	340
사라지는 눈은 말한다	342
너에게 사과를 건넨다	343
눈을 다시 볼 수 있다면	344
석송령(石松靈)의 오랜 기억	347
잇달아 신들의 장난이 시작되었다	348
되새겨 볼 상록수의 여유	350
눈 덮인 세상에서 동백은 더 아름다워라	352
눈사람이 아니다	353
몰려오는 설렘을 자유롭게 말하고 싶었다	354

시인의 말

　인생의 단면은 거대한 토네이도 안에 갇혀 있는 거야. 그건 모순이잖아. 마냥 삶을 살아가는 순간엔 반복적으로 일어나는 일들이 거의 모순이잖아.

　쉽사리 예측을 할 수 없는 불완전한 인생을 아슬아슬하게 살아간다. 살아가는 삶의 질곡에서 던지는 물음들….

　그때마다 새기고 새기다가 지우고 지우기를 반복하며 알 수 없는 시를 쓰다 이 모든 게 시작되었다.

　말없이 그대는 누구시죠?
　누구시죠? 그대는.

　종종 깨어나야 했다.
　이 모든 게 놀라울 만큼 시였다.
　설핏 스치는 낯익은 꿈이었다.

　살아가는 내내 무슨 일이 일어나고 있는지….
　상상하기조차 어려운 특별한 그대를 번쩍 깨울 시간이다.

　그래야 시처럼 무한히 자유로울 수 있었다.

2024년

제 1장

새시(Sash)

닫았다
열었다 닫혔다
닫혔다 열렸다 닫혔다
안에서 닫고서
안에서 열고서
여닫고 살아야 하는 그 무엇

신선한 공기를 기다리는 동안
보고 싶었을 뿐
보고 싶지만 보이지 않고 보이지 않아
선연하게 떠올라 저릿저릿 애태웠으리

한쪽 면을 차지한 방충망
그대로 들여다보는 미세한 그물 사이로는
보이지만 들리지 않는 것들이 있다는 것을 알고도
기다리지 않았을까

세상에 촘촘히 보이는 것은 무엇인가요?
여닫고 살아야 하는 것과

잠시나마 빽빽한 그물 사이로 보이는 것들과
또 다른 한 면

3시

이끌림으로 시를 쓴다

오전 3시에 쓰다가
오후 3시가 돼서야
희망을 다시 쓴다

산을 쓰고
바람을 쓰고
홀로 가는 구름을 쓰고
3시에 이 자유로움을 쓴다

3시에 쓴다

기나긴 웃음의 배열

충분하게 한번 웃고 살아왔는지

웃을까?
웃자, 웃어, 웃어, 웃자, 웃어, 웃자

평범한 것들이 늘 존재하지만
참, 사는 게 기계적일 수밖에 없었다

요즘 들어 잠재된 웃음소리가
서서히 기억나지 않았다
애써 다시 듣는 편한 웃음소리는
뒤편에 있었다
기적같이 알던
웃음소리가 스쳐 지나갔고
꽤 오래전에 들었던 소리가 여기저기서 들린다

한층 더 강렬해진 소리는
한꺼번에 커진다

익숙한 것들로 거듭되는 곳에선
웃음이 남는 순간
웃을까?
웃었다, 웃어, 웃었다고, 웃자, 웃어, 웃자

훗날 값지게 와르르 터지는 웃음으로
저 멀리까지 닿을 수 있기를

도파민을 원합니다

믿을 수 없는 아름다움을 느낄 때가 언제죠

눈앞에 아름다운 걸 놓치고
눈먼 아름다움을 찾는지도 모릅니다

들끓는 도파민을 원하는 삶에서
덩달아 어른거리는 도파민을 찾아 헤맵니다

빠르게 와 버렸다가 흔적 없이 사라져 버리죠
그냥 순간적으로 원했던 것인가요
잠깐 있다가 서둘러 떠나 버린 것인가요

기쁨이 말라
슬픔이 말라
또 다른 기쁨이 말라
또 다른 슬픔이 말라 버려
또다시 기쁨을 찾게 된 건지도

가볍게 하나를 찾았다가 둘을 찾게 되었고
둘을 찾았다가 셋을 찾게 되었고
셋을 찾았다가 넷을 찾게 되었고
넷을 찾았다가 다섯을 찾게 되었고
다섯을 찾았다가 여섯을 찾게 되었고
여섯을 찾았다가 일곱을 찾게 되었고
여덟을 찾았다가 아홉을 찾게 되었고
아홉을 찾았다가 열을 찾게 되었습니다

가득 찬 나를 보았습니다
가득 찬 그대를 바라만 보았습니다

조금 알 거 같아
조심스레 조금씩 마구 흔들어 보았습니다

흔들림에 흐려지는 것과
흐려지는 것에 흔들려 버린 것들은
흔들려도 반짝거리기를 바라며
몇 초라도 기쁨을 갈구합니다

이를 어쩌나요

당신을 깨울 준비를 합니다

날마다 시끄럽게 흔들수록
눈망울이 촉촉이 젖어 있는 당신이 떠오르지요

어디 있나요
어떡하나요

그냥 아무렇지도 않은 척
견딜 때마다 그저 당신이라 사랑스럽습니다
자꾸 뒤만 돌아보지 말고 앞으로 걸어 나가요

어떻게 하면 침묵하는 당신에게 위로가 될까요

피어나는 당신의 고단한 하루를 삼킨
세월의 이야기를
긴 봄날은 기억합니다
시간이 꽃처럼 피고 지기를 반복했을까요

눈이 번쩍 뜨입니다
기도합니다
당신을 깨울 준비를 합니다

시

      시   시 시 시
     시 시   시 시 시
    시 시 시   시 시 시
   시 시 시 시   시 시 시
  시 시 시 시 시   시 시 시
 시 시 시 시 시 시   시 시 시
시 시 시 시 시 시 시   시 시 시
시 시 시 시 시 시 시 시   시 시 시
  시 시 시 시 시 시 시 시 시 시 시
   시 시 시 시 시 시 시 시 시 시 시
    시 시 시 시 시 시 시 시 시 시 시
     시 시 시 시 시 시 시 시 시 시 시
      시 시 시 시 시 시 시 시 시 시 쉿.

취향이 다르다

너와 나는 다르다
서로 다른 취향이다

다른 취향의 나와 너를 본다
같은 모습의 나와 너도 본다

너를 보면
그 속에서 나를 보기도 한다

똑같은 시선으로 다른 곳을 바라본다
다른 시선으로 한곳을 바라본다
한 공간에서 저마다 다른 눈길이면서
같은 눈길이다

내리는 비를 좋아해서 하염없이 비를
바라보고
달리는 전철이 좋아서 지나가는 전철을
바라본다
같은 것을 바라보면서 다른 생각을 한다

조금 다른 방향으로
어쩜 이렇게 한 공간에서
다른 시선과 같은 생각도 공유할 수 있을까

잠시 너와 나를 내려놓고선
신기한 세상을 바라보는 방향을 함께 두드린다
살아가는 길을 이곳에서도 서로 다르게 찾아 본다

너와 나는 취향이 다르다
괜스레 너와 나는 같은 생각을 한다

상자를 열었습니다

비어 있는 문장을 빈 상자에 채우고
괄호를 열고
다시 피어오르는 사랑과
웃음꽃 피는 기쁨을 넣은 후 닫는다

사랑의 상자를 열었습니다
펼쳐 보니
크나크게 솟아오르는
사랑의 향기가 퍼집니다

기쁨의 상자를 열었습니다
펼쳐 보니
크나크게 솟아오르는
행복의 향기가 퍼집니다

사랑의 단어든
기쁨의 단어든
가까이 퍼지는 향기에 몽롱해지니

삶은 수평이다

사는 게 다른 거 같아 보여도 같고
같은 거 같아 보여도 다르다
사는 게 같은 것처럼 보여도 다르고
다른 것처럼 보여도 같다

삶은 수평이다

섬세한 선이 그어진 듯 보여도
흐릿한 선들로 길을 잃어버리고
선명한 선들을 따라가다가 헤맨다

귀퉁이 빛바랜 길을 따라 걸으면
지나간 발자국을 따라 걸어 보고
그 자리에 따스한 체온이 스며든다

침묵의 거리는 가끔 익숙함으로 바뀌면서
삶을 이어 주는 선들은 아직 보이지 않지만
지나가는 자리는 덧없이 빛났다

울림의 소리는
아름답게 눈부신 세상에 퍼진다

떠난 시간을 찾다가 지금을 발견하다

가끔, 놓을 때가 되면
돌아가는 시간 속으로 빠져들어 가
살아가는 듯하고
뒤로 천천히 돌아가는지
앞으로 빠르게 돌아가는지
흘러가는 시간에 우리를 맞춰 살아가면서

같은 듯 다른 시간 속에 살아가다가
다른 듯 같은 시간 속에 살아가는 동안
놓치고 싶지 않은 시간을 조금 다르게 쓴다면

우리는 어떠한 시간 속에 살고 있는지
우리는 어떠한 삶을 살고 있는지

아무것도 얻어 낼 수 없는
깜박이는 밝은 불빛 같던 멈춘 시간도
어느새 다시 지나가듯 더 밝아지고
어두운 그림자 같던 시간이
지나가도 그대로이기도 하고

지금 이 순간도 지나가 버리면
수많은 그리움으로
떠나 버린 낯선 시간이 되어 버릴 만큼 그립겠지

다시 돌아오겠지
그렇게 흐르겠지
주어진 남은 시간도 반복된 그리움 속을 반복하겠지

여전히 잡을 수 없는 시간은 떠나가듯
흘러가니
지난 마지막 시간을 찾아 헤매다가 발견한다

어쩌면 그 비운 자리에서
시간의 소중한 꽃을 피우기도

지구에 사랑이 사라진다면

만나자마자 사라진다고

사랑이 사라진다
남은 향기가 사라진다
지구에 사랑이 사라진다면

붉게 타올라 모조리 불타 버린 걸까
달아날 수 있게 기적을 준 것일까

상상할 수 없을 정도의
도미노 퍼레이드가 펼쳐진다면
어떤 감동이 찾아올까

편린들이 이어지고 이어지며
서로 맞닿아 부딪혀 쓰러지는
그 순간이 가장 아름답다

나만의 공간에서 부딪혀 해방되니
비로소 자유도 얻는다
저마다 다른 꿈으로 모여
둥근 공간
세모 공간
별별 공간에 화들짝 놀라 버릴 때도

자유로운 색감들이 시커멓게 적셔 버린 걸까
새빨갛게 불태울 것인가
파란 하늘처럼 채우고
때때로 숨어 있는 사랑을 하고 싶을 때도

참 쉬운 게 하나 없고
그때를 그리워하다가 계절이 흐르고 흘러도
그때가 다시 시리도록 생각나기에 보내 버리지만

지구에 사랑이 보이지 않는다면

구겨진 봉지

부풀어 오르는 봉지를 힘주며
구겼다
무엇이 들어 있었을까
허공으로 사라진 줄도 모르고
구겨진 봉지를 다시 구긴다

꽉 찼었던 그때를 그리워하면서
겨울 바다의 파도가 부딪혀 부서져
외치는 소리처럼 들려온다

잃어버린 것을 헤매는
지금 이 순간
부스럭거리는 봉지의 허물을 뒤집어썼다

중얼거리는 봉지는 구겨지고
구겨져도 외치고
외친다
보이고 들릴 때까지
무언가가
담겨 있던 봉지는 끝까지 말한다

추억이 담겨 있었다고

가로등 불에 눈이 어리었다

어둠이 찾아오고
시린 달빛만 찾다가
보이지 않는 너를 찾는다

밤의 여정이 아닌가
너를 품고 살기에

감추어진 미소를 머금고
젖은 눈빛은 별처럼 영롱하다

놀라운 건
늘 그 자리에 있었을 뿐인데
가까이 있는데도 알아보지 못했다

남기고 가는 시선을 되새겨 보고
오늘 밤 어김없이 찾아오는 게
너인 줄 몰랐다

낯선 나를 비추던 빛이 그리워
메마른 두 눈이 어느새 촉촉하게 아린다

지난 과거는 슬픔으로 채색되어
만질 수 없다

어쩔 수 없는 그리움이 몰아치는 밤에 만났다
머물 곳도 없이 앉아 있는 그곳에는
무엇이 멈춰 서 있을까

창밖에 보이는 건 어둠뿐
고독을 꿈꾸는 것일까

깊이는 알 수 없어서 늘 진리를 찾아 헤맨다
혼자가 되면 외롭고 함께 있어도 외롭다
그 속에는 잡히지 않는 고독도 숨 쉰다

뻔했던 그 외로움 속에는
마음을 송두리째 점령한 거리에서
모래알이 날리는 사막처럼

지난 과거는 슬픔으로 채색되어 만질 수 없다
뒤척일수록 철퍼덕 넘어진다
홀로 떨어져 있어도
누군가의 섬세한 따뜻한 손길로
터지는 거품처럼 불쑥 부풀어 들켜 버릴 뿐

사라진 거품은 둥글었지
속이 빈 거품이 차오르지
한없이 부풀어 오르는 거품이니깐
둥글게 말린 거품이 터질 때 어떨까
내 맘대로 거품처럼 사라질까
가벼운 거품이 부풀고
급한 거품이 지나가고
또 다른 거품이 생기고
들끓는 거품이 부풀고
공중으로 띄워 놓고 주저앉을 테니

감춰 볼까
눈치챌 수 없도록

엇갈리는 시선은 어쩔 줄을 모르지
텅 빈 자리처럼 사라지고 나서야 힘껏 소리쳤지

빠르게 부풀어 오른 거품을 본 적 있니?
문득 비눗방울 거품이 떠올랐다
투명한 거품을 들여다본다
허공 너머 동그란 거품이 아른거려
손끝으로 톡 터뜨릴 때 사라질 테니
온몸이 막힐 듯이 맴돌다가
금세 증발시켜 버렸다

이제 겨우

신호등 앞에 선 삶

기쁨을 원하기에
헛발질하는 나를 바라보는 자리
상처로 휘감는 일을 반복적으로 하면서
즐거운 일들로 기쁨을 원한다

버릴 껍데기 같은 이별과
꽉 채우기 위한 사랑은
늘 붙어 살아간다

점멸하는 신호에 서 있듯
사랑과 이별을 곁눈질하며 왔다 갔다 한다
바꿀 수 없는 과거를 바라보고

지금 이 순간 현재를 살아가면서
다가오는 미래에 희망을 건다

지나온 삶과 현재의 삶이
필름 사이로 스치는 순간

나를 발견한다

기억을 바꿔 준다

모든 게 그대로이다
알고 있었다
찾아 헤매는 순간에는
기억은 그대로 두는 척
다른 기억으로 색칠해 버리니

애써 잊은 적 없던
같은 듯 다른 시간 속에
다른 듯 같은 시각으로
좋았던 기억으로 지혜롭게 바꾼다

흔들리는 기억이 휘청거리니
마음의 수평의 감각을 키운다

열매를 맺지 못한 나무를 바라보니
짓궂은 기억의 바람이 분다
흔들리는 나무와 나란히 마주 앉아 있었다

말 없는 떠오르는 수많은 기억을 꺼낸다
꺼낸 순간에는 후회와 맞닿기도

다른 곳에서 나무와 이야기한다
바꾼다
아름다운 기억으로
오래 걸려 찾아낸 잃어버린 기억들을

단단한 나무 아래를 바라보면서
버티고 서 있는 나무와 함께
하늘을 바라본다

아무렇지도 않게 나에게 남아 있었다

사랑에는 아름다움이 묻어 있다
고요함도 묻어 있다

그대의 도움으로 다시 뛰기 시작한다
멈출 수 있을까
마음은 분명 무색이 아닌
붉은 열정의 색상으로 변해 있다

얼어붙은 마음이 녹아내린다
오랫동안 닫혔던 문이
다시 열린다

변덕스러운 온도라 그 온도를 알 수 없다
뜨겁다는 것밖에
아니다
때론 차갑기도 하다

기억나지 않는다
그 열정이 식었던 게
정열이 뜨거운 열정이
나에게서 떠났다고 믿었지만
아무렇지도 않게 나에게 남아 있었다

하나씩 선명한 윤곽이 드러나니
굳이 숨기고 싶지 않다
다신 없을 줄 알았는데
자신 있게 말할 수 있다
보이는 지금

가슴앓이하는 내내
조각조각 난 사랑의 무게도 재어 본다
변덕스러운 마음이 미끌미끌하다
가끔씩 미끄럽지만 갑자기
만날 수 있구나

뜨겁게 달궈진 사랑이 다가오는 순간

그대여 가만히 있어요

가만히 있어요
다가갈 수 있도록
그대여

차가운 바람이 불어도
그대로 있어요

그대를
따뜻하게 안아 줄 테니
그대로 있어요

외투가 모자라면
내 체온으로 그대를 감싸 줄게요

미소 머금은
그대의 얼굴이 보고 싶어요
그대여
가만히 있어요

사랑을 알아보지 못했습니다

사랑을
알아보지 못했습니다
한눈에 알아보지 못했습니다

심장이 멈추는 걸 느끼고서야
사랑임을 알았습니다
그게 사랑이었습니다

이제야
세상에 나에게도
사랑이 있다고 말할 수 있습니다

아름다운 사랑의 가치를
알아봅니다

여태 가까이에
숨겨 둔지도 모르고
사랑을 찾아 헤맸습니다

이제는 그대에게
꽃 한 송이 가져다주렵니다

끊이지 않는 향기가 되어라

짙은 향기로 풍겨 오니
질끈 감았던 두 눈을 뜬다
잃어버린 매혹적인 향기가 퍼진다

외로운 나는 꽃 핀 길가도 아닌데
가파른 길에 뒤덮여
두리번거리며 휘청거린다

반복되는 기억 사이에
가라앉은 지나한 내음들이 살살 흔들면
마르지 않는 향기가 되어 스며든다

싸늘한 바람에 날리면
코끝에는 놀랍도록
왜 자꾸 향기로워지는 것인지

마음을 닫고 열고 닫고를
반복하여도 내 맘에 꼭 자리하고 있기에

그윽한 향기는
사랑이 낯설어지지 않는다면
끊이지 않는 향기로 피어나리라

다른 이의 아픔을 느끼며

비움의 계절을 지나고서야
삶의 따뜻한 쉼표를 찍었습니다

점 하나를 바라봅니다
점 하나 찍는 게
그리 오래 걸렸는지
지나간 그 세월을 탓합니다

느끼는 공기가 다릅니다
계절별로 다르고
낮과 밤의 길이가 또 다릅니다

다른 게 맞는 건가요
살아가는 방식도 제각각입니다
하는 것도 다 다르고
나름 자신만의 방식대로 살아갑니다

훗날 세월에 흔들려도
익어 가는 마음은 쉬어 가렵니다

텅 빈 자리를 아무도 보지 못한다

무심코
거리에 내놓은 텅 빈 공간을 지나쳐 버린다
계절이 지나건만
내 마음 같은 그 빈자리가 보이지 않았다

쏟아진 빛의 간섭으로
아련한 생각이 놓친 세상 속으로 끌어들인다

텅 빈 그곳엔
빛이 이토록 밝건만
애태우던 시절이 흑백의 영상으로 마주한다

묵었던 사연들이 돌고 돌아
그곳에 아직도 머물고 있는데
적어 두었던 내 마음은 사라진다

슬퍼져서도 안 된다
기뻐해서도 안 된다

어떤 감정에도 휘둘리지 말자
이것 또한
그럴 만한 이유가 있을 테니

살아갈 이유를 찾아 본다

나는 나다
너는 너다

가끔은
나에게서 네가 살아 숨 쉬고
너에게선 내가 살아 숨 쉬기를 바란다

나보다
네가 먼저라고 생각했고
배려해 줬다고 생각했는데
그렇지 않았다

거짓된 마음인 거 알면서도
그것 또한
진심이라 믿고 싶었다

내가 살아가는 이유를
너에게서 찾고 있었기에
이제 살아갈 이유를 나에게서 찾고 싶다

너를 이토록 사랑하기에

너의 손과 나의 손이 마주합니다

너도 차가운 손인데
나는 더 차가운 손입니다
너의 손과 나의 손을 맞닿아 꽉 잡았습니다
서로 손을 포개어 감싸니
얼었던 기운이 따스한 온기로 녹아내립니다

반짝이는 두 눈을 마주 대하니
떨림으로 길게 뻗은 손을 그저 수줍게 바라봅니다

낯익은 둘만의 공간에서
차가운 공기는 금방
둘의 따스한 숨결로 데워집니다
차갑고 시린 손끝에
설렘이 꽃 내음 피어나듯 다가옵니다

아쉬움에 꽉 잡은 손의 체온이
빈 가슴에 깊숙이 파고들어 포근함을 전해 줍니다

아,
이 생애
두 손을 맞잡을 사람이 너였으면 좋겠습니다

도하의 기적

기적이구나
기회가 아니고
노력은 기적이다

환한 미소 지은 지가
얼마 만인가

차가움도 가볍게
덮어 줄 뜨거운 기쁨의 환희

우리를 깨운 감격의 눈물
뜨거움도
가볍게 식혀 줄 땀방울

온 세상이
들뜬 환희로 가득 찬다

기쁨도 나누니
뜨거움이 가득 차 오른다
끓어오르는 환희는
첫사랑처럼 달아오른다

포근한 빛이 깨어나더냐

길 끝에 불빛이던가요
같은 길에 서서
감춰 둔 빛들이 보이기 시작합니다

잠자던 눈이 깨어남인가요
꺼진 줄 알았던 불빛이 밝아지면서
어둠 따라 별빛과 함께
밝아 옵니다

다른 날보다 일찍 어둠이 찾아오니
멀리서 불빛들도 일찍 자리합니다

저편 너머 누가 살고 있을까
포근한 불빛이 들어옴으로
보이지 않는 곳도 불빛으로 알게 됩니다

저편 너머 마음의 불빛은 켜져 있던가
따뜻한 소리로 전해 올 수도
시끄러운 소음으로 번질 수도 있습니다

멀리서 밝힌 불빛이 반갑다고 인사하면
잡을 수 없는 황홀한 빛 되어
벅차도록 눈부신 빛을 가슴에 담아 봅니다

어찌 길 끝에 마주한 불빛이던가
늘 똑같은 길에 서도
어둠은
감춰 둔 불빛들을 더 선명하게 보이게 합니다

내 속에 잠자던 불빛이 밝아지며
빛이 깨어납니다

동화 같은 이야기

만나면 무작정 무슨 말을 할까

멀어져 갔다
아무 말도 할 수 없었다
더 이상 아무런 말도 하고 싶지 않았다
아무것도 끝나지도 않았다

아무도 침묵하는 나의 기분을 알 수 없었다
그런 날이 한동안 지속되었다
웃으면서 기분을 채운다
나만의 기분은 나와 가깝고도 멀다

내려다보면
보이는 온갖 기분을 끌고 가야만

그렇게 부단히 숨겨진 나를 찾는다
허우적거리는 나를 만질 수 없었다

한데 자꾸만 동화 속을 찾고 있는지
정말 꿈만 같던 동화 속에서 찾으려고만
부풀어 오르는 달달한 솜사탕처럼
어쩌면 꿈꾸는 동화 속 세상이 없다고 말하면
녹아 사라지겠지

비친 동화 속처럼
동화 같은 이야기는 도대체 있긴 한 걸까

수면 위에선 알 수 없는 동화 속으로 들어간다
동화 속에서 벅차오르며 살고 있는지
때때로 부풀리는 동화 속이다

흘러가 버린 날이 느껴지는데
오랜 시간이 걸리지 않았다
어쩜 동화 속이 아닐지 몰라도
한 번쯤은
어떻게 하면 동화 같은 일이 일어나기도 할까

자유롭게 몇 번을 만날 수 있는지

역시 동화는 동화인 것처럼
난 동화되지 않는 걸까
역시 오래전 읽었던 동화였던 것일까

특별한 세계에서는
더없이 움직여서 하나같이 환호하였다

잠깐뿐이라고
기억의 쓸쓸한 마음을 동화시키려 하지 않는다

애써 숨겨지지 않습니다

흘러가는 계절 따라
너를 다른 모습으로 담아 봅니다

눈 내리는 겨울에는
숨겨 놓은 마음을 그리워합니다

흘려보내야 했던 감정을
지나가는 계절에 아무리 찾으려 하지만
신기하게도 찾을 수 없습니다

그 시절의 수줍었던 미소와
흘린 애처로운 눈물은
찬 바람에 실려
나에게로 다시 날아오지 않습니다

찢어진 가슴에 묻었던 기억은
애써 숨겨지지 않습니다

흘러가는 계절에서
너를 다른 모습으로 그려 봅니다

집착에서 벗어날 날개를 달아 드립니다

달나라로 모험을 떠납니다
집요한 집착이 나를 사로잡기 시작할 때
끝없는 모험을 떠나야 합니다

보이는 것마다
들리는 것마다
말하는 것마다
잡고자 하여 놓지 못하였습니다

모든 걸 툭 털어 버리고자 하니
느닷없이 적막해집니다
갈등 속에서
먹먹한 가슴은 신중한 결정을 서두릅니다

막연한 짐작들로 집착하고선
절대 집착이라 말하지 않았습니다
말이 필요 없는 방식으로 눈살을 찌푸리게 됩니다

집착의 늪에서 벗어나려 해도 헤어나지 못합니다
아이러니하게도
놓아 버리려 할수록 자석처럼
끌어당기는 힘이 강해집니다

감정이 살아 있는 한
울타리를 벗어나려 해도
미로를 헤매듯 나올 수 없습니다

쉼 없이 밀려오는 욕망의 파도는
호수처럼 잔잔해지지 않는 바다이기에
우리는 끊임없이 파도와 다시 마주합니다

무수한 별들로 둘러싸인 밤하늘을
별들이 벗어날 수 없는 것처럼

세상의 색을 읽는 시간

눈에 보이는 색이 단색으로 이루어진다면
아름다운 풍경을 바라볼 수 있을까

날이 갈수록 세상은 여러 색으로 채워진다

세상을 흑백으로 정의 내린다면
여러 색의 다양함도 없을 것이다

저절로 색을 자아내는 과정 중에
끊임없이 변화하고
무한히 변화하는 세상을 신비롭게 바라본다

곧게 내리쬐는 태양 아래
우거진 숲 사이 나무 그늘에서 잠시 쉬어 가 본다

무엇을 하든지
이상적인 행복을 취하려면
있는 그대로의 모습으로 바라볼 수 있어야 한다

누구나 다 똑같아 보이지만
때론 낯선 다른 모습의 색상으로 만들어 버린다

지금 살고 있는 세상을
원하는 무지개 빛깔로 아름답게 펼쳐 본다
빛 속에서 그림자를 보듯
세상은 다양한 색으로 내재해 있다

기다림의 색은 언제나 변화무상하고
더 아름다운 세상을 위해
색을 덧칠하며 빛의 세계를 만들어 낸다

세상에 깔려 있는 색상을 읽는 시간은
세월이 흐를수록 더 길어진다

물거품이 되어 사라진다

터져 버립니다
커다랗게 부푼 마음이 툭 터져 버립니다

부풀어 오르고 차오르면
설레는 마음이 터져 물거품이 되어 버립니다
깊숙이 자리한 마음에서 갑자기 사라집니다

끝없이 커질 것 같은 꿈이
부풀어 물거품으로 사라집니다

진실로 꽉 찬 마음이 차올라서 터지는 건가
거짓된 마음이
버그르르 거품으로 일었다 사라진 건가

거품을 피울 것인가
실속으로 채울 것인가

다가와 지금쯤
툭 터져 버릴 때 알았습니다
텅 비어 버렸다는 걸

침묵한 시간은
출렁거리며 지나가건만
지난 미련한 세월은 부풀어져 있습니다

좋은 건 좋나 보다 하다가도
때론 좋은 게 거품이 아닌지 모르겠습니다
잡지 못했던 거품을
아쉬워하기보다 거품을 만든 의식을
후회합니다

어떤 땐 눈물로 슬퍼할 테지만
아픔이 무색할 정도의 슬픔이 찾아오는데도
슬픔의 깊이를
알지 못하는 이유는
가슴속이 거품으로 가득하기 때문입니다

발걸음의 한계점에서라도 만나자

걷는다
그리고 또 걷는다

앞으로 걸어간다
가끔 뒤로 물러났다 앞으로 나아간다
길게 뻗은 끝없는 길을 걷는다

걸을 발걸음 수의 한계점은
어디까지인가

막다른 길에서 물어본다
어쩌겠어요
나를 돌아본다
이 길 끝에서 어쩜 너를 만날까

너를 담았던
마음이 얼어 버리고
젖지 않는 마음들이
다시 나풀거리며 기억난다

텅 빈 마음에
닿을 수 없는 빛으로 채웠다

숨겨진 너의 마음과 나의 운명은 어떨까
운명은 나를 둥글게 휘감고 있다
보이지 않는 마음을 훤히 볼 수만 있다면

우리는 조금 달라졌을 뿐
바뀌어 버리진 않았다
감춰 둔 운명은 사실 같을 것이다

길의 끝까지는 갈 수 없다 해도
갈 수 있는 곳까지 가서는 만났으면
바라보는 너와 나는
서로의 마음을 알지 못한다

너와 나의 운명은 신기하게도
분명 다를 바 없다

말이 안 되는 일들은 일어난다
그게 삶이다
그게 운명이다

우리 안에서
영롱한 꽃이 운명처럼 피는 날
그 길에서 만나리라
우리

새겨지는 글자

다 알 수 없어
마음을 채우듯
글자를 꾹꾹 써 내려간다

한 줄
두 줄
세 줄
네 줄
다섯 줄
여섯 줄
일곱 줄
여덟 줄
아홉 줄
열 줄을 차례로 써 내려간다

예고대로라면
여기서 이만 끝나야 하는데
점점 길어진다
쓸수록 시어들이 왕창 넘쳐난다

줄곧 내 속에 남아 있던 시어들을 내뱉으며

아픔이 끝나면 얘기해 줄래

네가 얼마나 아픈지 몰랐던 것이다

아무런 이해를 할 수 없었다

어느 순간, 닿을 수 없는 아픔이 되었더라

어디론가 시선을 피해 앓는 마음을 내려놓고
어디론가 이어진 마음을 끄집어냈던

쏟아지기 시작하는 빛만큼 빌었을까

반짝이는 빛들을 남기고 가던 날엔
아프지 않을까?
아무 말 하지 않아도 괜찮니

이상하게도 밟히는 마음을 그린 그림이다
풍부한 마음의 모험을 떠난다

흐트러진 큐브 안에 휩쓸고 간 아픔이 끝났니
제대로 큐브는 맞춰지고 있는 걸까
밀고 당기고 다시 밀고 당기고
다시 반복하면서 묻는다
어떤 상태이니
변덕스럽게 관심이 필요할 테지

끝도 없이 도대체 무엇을 원하는 걸까

지켜만 보던 어느 순간이다
이제 그만하면 됐어
아픔이 끝나면 얘기해 줄래

아름다운 시간 여행을 떠난다

나만 이런 게 아니구나
혼자만의 시간을 갖는다

급히 지나간 자리를 지워 버렸고
간혹 자리 잡고 머물다가 사라진다
하염없이 흔들리는 나를 잘 아는 시간을 보았다

사뿐히 지나가고 싶어도
초침이 지나간 자리에
분침이 공간 속 시간에 갇혀 몽롱해진다

숨어 버린 시간 속에 들어가
자꾸만 물어본다
안팎에 둘러싼 세상에 휘감긴 나를 만난다

낯선 시간과 익숙한 시간 사이에서
돌아가는 기억이 더 깊이 끌어당긴다

다 보여 줄 때까지 아무도 모른다
잠들어 멈추지 않고 계속 흐른다

점점 바뀌는 시공간에 사로잡힌다
촘촘한 시간의 늪에 때론 깊이 빠지다가
빠르게 달려오는 시간에는 한발 뒤로 물러나
아까운 시간이 흩어져 날아가 버린다

이 아까운 시간을 무료하게 보내기 싫어
또 다른 혼자만의
아름다운 시간 여행을 떠난다

보조개의 비밀

웃고 있군요
가려진 미소를 스쳐 지났기에
보이지 않았습니다

아무런 표정 없이 있다가
환하게 웃을 때
패인 보조개 속으로 빨려 들어갔습니다

웃었습니다
따라서 미소 지어 봅니다
웃음이 그렇습니다
따라 미소 짓게 됩니다

환하게 웃는 모습이
어찌
그렇게 불타듯 아름다울까요

어찌할까요
웃음 짓는 모습 보고서
블랙홀처럼 당기는 매혹으로 하여
감당할 수 없는 행복을 느낍니다

설렘으로 가득 찬

보조개 속에서

가려진 신비를 알게끔 해 주었기에

아름다운 별을 바라볼 수 있었습니다

여고 시절로의 여행

포만감이 책상에 앉자마자
눈을 스르륵 감기게 했다
엎드려 몰래 졸다가 깜짝 혼자 놀란다

까마득한 기억의 터널을 걷고 있었다
아마 도서관의 책들이
나를 그때로 데리고 갔나 보다
익숙한 이 장면은 어느 때였던가
돌고 돌아 달려간 곳

깜빡 졸고 있으니
지나간 시간을 잠시 꺼내어 가져다 놓았다
그리운 것인가
그 시절 학창 시절

꿈이라도 좋다
꿈도 이렇게 시가 되어 다가오니

앉아 있던 의자를 흔들 듯
단잠이 든 나를 흔들어 깨운다
이곳은 낙원이다

메말라 아쉬운 마음을

돌돌 말아 다시 꿈속에 넣어 둔다

엎드려 흘린 침 속으로 타임머신을 탄다

그대도 그렇게 살아요

지나가는 구름에게 가볍게 인사하고선
말없이 지나간 자리를
되돌아봅니다

저항할 수 없는 무력감이 찾아올 때면
시무룩한 나를 마주하면서
떠나간 행복을 찾아 봅니다

서서히 다가오는 구름을 봐도
그늘 깊은 먹구름에 이내
뭉개진 얼굴을 하고서야 털어 버립니다

세상에 대항하는 용기가 무색해지고
행복한 일을 떠올리니
그대가 떠오릅니다

기쁨이 가져다주는 아름다운 시선은
보이는 것이 전부가 아닐 때도
보이지 않는 것이 전부가 아닐 때도
빛나는 눈동자가 진실일 때도
거짓일 때도 있지요

그대는 보이지 않게
웃고 있나요
울고 있나요
그대의 웃음꽃에 흐르는 것이
눈물인가요
기쁨인가요

때론 보이는 것보다
보이지 않는 것이 아름다울 때가 있지요

가만히 눈물이 흐를 땐
흘려 버려요
그대가 웃고 싶을 때 마냥 웃어요

그게
걸림 없이 세상을 살아가는 방법일 테니

마음도 물방울처럼 될까

물방울에 온전히 몰입한다
거듭 겹쳐지는
다른 세상을 바라본다

원하는 대로 보려 하지 말고
보는 대로 보려 하지 말고
마음으로 바라본다면 그게 답일 테니

비 오는 날
튕겨져 나가는 빗방울은 뭉쳐진다
내리는 빗방울이 물방울 됨을 알았다

방울방울 떨어지는 순간에
빗방울은 사라지고
물방울의 자리만 있었다

가까이 다가갈수록
멀어져 가고
멀어져 갈수록 가까이 다가간다

빗방울이 떨어지는 순간

그대로 바라본다

바라보다 보면

마음도 물방울처럼 될까

어찌할까

어찌할까
별이 아름답다는 건
어두운 밤하늘에서 더 빛나기에
밤하늘이 있어 별이 매달려 있다

어찌할까
눈사람을 껴안아 주고 싶은 건
사라져 버릴 걸 알기에
눈발에 울음을 터뜨리자 금방 쏟아져 내린다

어찌할까
시가 아름다운 이유는
낯 뜨거운 삶을 보았기에
움켜쥐고 있던 그을린 마음에 기억들을 묻는다

어찌할까
아침을 기다리는 건 지평선에 펼쳐질 내일이 있기에
누구나 내일을 마주할 거라 믿는다
바람결에 내려오는 꽃잎을 움켜쥔 후
미소를 머금은 나를 떠올린다

어쩌면
그대로 보는 세상을 닫았다가 열었다가
반복하면서
서로에게 묻어가는 은밀한 방식으로 삶은 흐른다
어찌할까

허기진 나의 의지

괜찮은 게 아닙니다
부드러운 빵을 반으로 뜯어서
한입에 먹고 싶은 겁니다

평온한 입안은
의식적으로 한 입을 원한다는 건
왜 그런 걸까요

올라온 배고픔의 소리에
눈이 이리저리 돌아갑니다
아닐 거야
배고프다는 소리가 아닐 거야

위는 작습니다
아닙니다
위가 넓습니다

허기진 장을 채우고 싶음이야말로
보이지 않지만 정신을 몽롱하게 합니다

자연스럽게
고불고불한 내려가는 길에
방향을 잃어버릴까 탓하기보단
위안의 말로 허기지지 않다고
달래어 봅니다

비록 채우지 않아도
위를 달래면
잠시 기다려 주기에
그 순간을 참을 수 있습니다

시선이 흔들리지 않게
초점이 흔들리지 않게
참아 봅니다

지금
나에겐 빵이 없기에

감싸안는 침묵 안에서
무슨 일이 생긴 것일까

반복되는 깊어지는 밤이 지나간다
뽀드득뽀드득 소리 나는 눈길을 지나간다
걸을수록 선명한 소리가 번진다

눈이 올 때면 지나간 그날을 부추긴다
부산스럽게 어디를 가는지
어딜 가려고 했는지

하늘의 구름도 눈처럼 쌓여 있다
눈 내리는 하늘이 하늘인지
땅인지

오래된 기억에 침묵이 흐른다
몇 초
몇 분
몇 시간 동안의 집요한 침묵이 흐른다

잔잔하게
흐르는 시간 속의 삶은 부드러운 몽환 같았다
감싸안는 침묵 안에서 무슨 일이 생긴 것일까

슬쩍 들여다보니 후회보다는
아쉬움이 남아 있고 감추지 못한 것들은
오래도록 반복된다

잡을 수 없는 아름다운 순간이었기에

품은 아쉬운 기억을 훔치고 싶어도
소용이 없다

고독을 빼앗지 말아 주세요

사실 다가오고 있었나요?
조심스럽게
허공 속에 있는 고독을 툭 건드립니다

잃어버리면 기쁜 일인가요
홀로 누군가 품고 있을지 모르는 고독은
쏠어내리는 마음에 급히 파고 들어와 돌아다닙니다

때론 제자리에서 부풀어 오르고
때때론 가라앉았다가
잊어 주길 바라다가 난해할 뿐

누군가에겐 고독은 무겁다가
무겁지 않다가
팽팽하게 줄다리기를 하다 온몸을 떨지요

할 수 없이 스며 들어와
고독이라는 두 글자가 풀어내기도

잠깐잠깐 떠오르는 게
깊어지는 게 어떠한지
날마다 가라앉혀 잠재우다가 깨우지요
고독을 잠시 켜 주세요
차갑게 식어 버린 잃어버림 속에 다시 찾고선
눈을 살포시 감자
스치는 바람에 춤추다가 실없이 웃는 걸

고독을 빼앗지 말아 주세요

아무것도 아닌
별일 아닌 게 되어 버려

가끔씩 흔들리는 나침판을 바라봅니다
말없이 어디로 가야 할지 들여다봅니다

지나는 길에 슬쩍 흘려 보지만
결국 다른 길에서 홀로 마주합니다

어딘가에서부터 서서히 끌고 가야 할
피할 수도
만질 수 없는 고독과 포옹하면서

누군가의 친구일 뿐이라고
누군가에게는 보이지 않는 뒷모습이란다

참견

더 이상 볼 수 없었지

이토록 보이지 않는 것은 원래 없었던 것이었다

과연 그럴까

눈으로 입자를 알 수 없었던 것처럼
초미세 입자를 볼 수 없었던 것처럼

꼭꼭 보이지 않는 것은
보기 싫었던 것은 아니었을까
없다고 하는 것은 과연 없었을까
있었으나 없던 것처럼 사실은 존재하였지

조각조각 부서져 더 이상 보고 싶지 않았을지도
.
.
.

억지로 살아가면서 있는 그대로 보려고 애썼지

나만의 펼쳐지는 세상에선

맛에도 사랑의 공기가 흐른다

맛있게 먹는다
유별나게 맛있다
물론 숨어 있는 깊은 맛이다
깊은 맛을 온전히 느끼게 한다

새빨간 긴 무가 이리도
가슴까지 불타오르게 만드는 것일까

맛있다는 일방적인 말을 뱉는 순간에
뜨거운 후폭풍이 밀려온다

입맛에 맞아서 다행이라는
안도의 말과 기쁨을 고스란히 맛본다

칭찬에 인색한 요즘의 세태에서
처음 듣는 솜씨 있다는 말을
거짓말이라고
믿기 힘들다고
맛있는 거 맞냐고 되묻는다

맛있는 음식을 나눠 주면서
도리어 고맙다는 말을 하는 고마운 사람
따뜻한 말을 듣는다
먹는 기쁨은 두 배가 되며

암튼 맛있게 먹어 줘서 고맙다고
계속 말한다
녹음기를 틀듯 말한다

맛을 음미하는 입맛도 다르고
마음도 다르기도 하지만
맛에도 사랑의 공기가 흐른다
그 따스함을 느끼며 맛을 음미했다

노래에 마음을 빼앗기고

강렬하다
풍성하고 넉넉한 목소리로 노래 부른다

때와 장소를 가리지 않으며
신이 났다가 슬픔에 잠기기도 한다

계속 노래 부르다가
작게 크게도 불러 본다
때론 고성으로 부르기도 하고
어떤 땐 중저음 소리로 내기도 하면서
이내 입안에서 흥얼거린다

아쉬움에 소리를 지르기도
지쳐 소리를 내지 않을 때도 있다
사람들은 대부분 비슷하게 노래를 부르곤 한다

사랑의 주제일 땐 꾀꼬리 목소리로
가슴 절절하게 사랑 노래를 부른다

우리가 직접 노래를 부르지 않는데도
부르르 떨며 노래를 부른다고 믿는다

사실 가수를 대신해 노래를 불러 주는데도 말이야

노래를 듣는 동안 스피커인 걸 잊어버리곤

노래에 빠진다

마음을 노래에 빼앗겨 버리고

다시 나이를 제자리로 돌리며

나이가 줄어든다
이게 좋은 일인지 기뻐할 일인지
실제로 줄어든 게 아니고
셈법의 기준만 달리할 뿐이다

나이를 관습에서 개념으로 바꾼다
그렇다고
나이를 줄여 젊어지는 것도 아니건만

한 살이 줄어든 줄 알고 소리 지르면
어떤 이는
두 살이나 줄어들어 더 좋아라 한다

한 살 줄었을 뿐인데
한 살 더 먹기 싫어서 과거로 돌아간 게 아니고
다가올 숫자에 잠시 제자리걸음을 한다
움켜쥔 숫자를 버리고
과거로 돌아가는 길을 따라가면 좋으련만

다시 과거의 숫자를 삼키고

나이는 숫자에 불과하다지만

한 살 두 살 젊게 부르니 꿈인가 하고 되묻는다

나이를 말한다

앞자리 숫자가 바뀔

나를 다시 그 자리에 세운다

쫓아가는 시간을 묶어 둔 듯

다른 시간 속에 다른 나이대 숫자는 방황한다

갈 곳을 잃어버린 것일까

어떻게 다시 제자리걸음을 했으니

실컷 젊음을 만끽하라고

다시 숫자를 세어 본다

마음도 열어 본다

더 가까이 다가가 눈 감아 본다

돌아가자고 했던 시간을 세우고

놓지 않을 수 없는 지나던 길

그 바람 따라 돌아가 본다

느낌 어때

뭔 느낌이야

알 수 있겠지
느낌으로
더 알아차리겠지
느낌으로

별별 느낌이잖아
별별 느낌이지만

겹겹이 감싼 투명한 느낌마저
모든 게 일렁인다

마주하는 느낌을 믿었고
믿었던 느낌을 알 수 없을 때도

별별 느낌이니까
별별 느낌 알잖아

느낌 어때
어때?
숨 쉬는 느낌 말이야!

흔들리다 글썽이며 바라본 끝없는 삶의 중심은
적막할 따름이다

더 느껴지는지
여전히 더 느껴지지 않는지

어딘가에서 하나하나 놓쳐 버린 흐느낌 말이야
느낌일 뿐이야

이토록 살아 있는 느낌이었지만

왜 몰랐을까

모른다고 하자

당기는 힘 중력으로 여전히 들여다보는 게
진짜일까
아니면 가짜일까

진짜가 있을 것처럼
모든 게 아닌 같아 무엇을 찾고 있을 때

이렇게 한참 바라보는 하늘은 진짜일까

쉴 새 없이 밟고 있는 땅은 진짜일까

애써 반짝이는 별은 진짜일까

달아났다 채워졌다 하는 달은 진짜일까

조심스럽게 세상에는
진짜도 있고 가짜도 있다는 게

진짜를 품고 가짜를 보고 싶어 했겠지만
가짜를 품고 진짜라고 생각했겠지만

부풀어 진짜인지
부풀어 가짜인지
모른다고 하자

이미 예고 없이
새로운 이 순간을 즐길 수 있으니깐

내가 바라보는 그대도 진짜일까

바람이 불어 낙엽이 펄럭일 때
나는 자꾸 생각에 잠긴다

여긴 어디인가?

내가 사는 세상에 그만 잠겨 버렸다고

우리에게 보이는 건

자꾸자꾸 무엇을 봤던 것일까

일순간 바라보는 세상에는 무엇이 보이는가

보이는 게 전부라 그대로 바라보는가

바라보는 것은 다 똑같을 순 없었다
그렇다고 다 다를 수도 없었다

도대체 무엇을 보고 싶었던 것일까

연거푸 어떤 걸 보고 싶어 했던 것일까

자꾸만
자꾸만
자꾸만

곧장 뒤돌아봤다

대답하지 않는 것들이 자유롭게 보이는 것이다

때마침 눈을 감았다 뜨고서 보이는 게 보이니

지금 마주하는 것을 어떻게 봐야 하는 것일까
종일 우리 눈앞에 보이는 것은 진짜일까
우리에겐 진짜는 진짜일까
진짜처럼 보이는 것들이 가짜일까

꿈틀대는 선택은 생각한 대로
생각대로 선택할 테니
선택한 생각한 대로 이동한다
흐르는 대로 변하다가 생각한 대로 흐를 테니
흐르다 보니 보이는 것이 분명 달라졌지만
보는 건 일순간 보이는 것처럼 되어 버리기도

어쩌면 있는 그대로 보는 것은

조각조각 보는 것은 그대로였다

마주 보는 것들이 그대로라고 믿는 것처럼

우리는 무엇을 보고 있는가

다음 기회에

예측한 다음은 없던 날의 이야기를 들려줄게

가끔 나만의 느낌 예보는
맞았다가 틀렸다가 예측 불가능했었지
눈이 내리다가 내리다가
여기까지 내린 폭설이 마음속으로 맥없이 쌓인다
거침없이 흠뻑 내려 다음에 하기로 마음먹었는데
가만히 아껴 둔 다음은 없었으니
아니 그게 아니라 없었지 궁금했던 다음은

다음에 보려고
다음에 보려고 했었는데 아니었지

내려오는 눈으로 불쑥 마음을 채우고 있었다
녹아내리는 눈은 말했다
쌓이고 쌓여 녹아내리다가 쌓이고 다시 쌓여도
조금씩 흘러 녹아내릴까
끝내 싸르륵 녹아내린다
한데 꽁꽁 얼어붙던 속을 모르고 있었다

다음에 하지 뭐

다음에 만나면 하지 뭐

다음에 그냥

다음에 하면 돼

다음이면 다 되었다

불완전한 다음인 줄도 모르고 뭐든 괜찮았는지

알 수 없는 다음은 종종 가깝고도 먼 다음이지

다음 기회에

너를 천사라고 부른다

사라진 천사를 볼 수 있을까
누군가는 볼 수 있을지
부푼 날개 속을 가만 보고만 있으면 사라질까

어쩌면 모조리 풀어놓는 날에 은밀하게 찾는다
날지 않아 천사일 줄 몰랐다
가만히 놔둘 수 없겠지
흔적만 남은 날개를 묻고 밝음을 흘리겠지
이윽고 어두운 텅 빈 곳을 비추겠지

무너진 나를 끌어당겨 보자
크게 한번 외치고 눈앞에서 보라
맑은 날에도
흐린 날에도 간신히 보았나

귓가에 묻고 싶었다
뒤쫓아 가 아무 생각 없이 묻고 싶었다
천사는 안다
사방이 꽉 막힌 절규에 불과하다
매일매일 감정을 다 표출할 수 없어서
삼킬 수밖에 없었다

삼키다 보니 무거워져서 날 수 없었다
이런 일이 일어나기도 하니

끝없이 날고 있는 게 아니라
흔들리는 세상 속을 천천히 지나가리
날지 못하는 천사는 나는 법을 잊어버렸나

최소한으로 잊지 말아야 하는 건가
결코 잃지 말아야 하는 건가
최대한으로 잃지 말아야 하는 건가
결코 잊지 말아야 하는 건가

천사, 완벽한 천사였지
이것 봐
내게서 아름다운 천사였지

아무렇게나 말도 안 되는 소리를 한다지만

오래전 천사는 날았지만
지금은 보는 눈이 너무 많아져 홀로 날지 못하고
홀로 떨어지지 않을 거리를 조심스레 걷는다
다행히 펼쳐지는 아름다운 길을 만나 따뜻하겠지

두리번거리며 걷던 너를 천사라고 부른다
천사를 만났다

극치의 눈물

잊으면 안 될 거 같은 불안정한 눈빛은
밤낮으로 잊을 수 없었다
진짜 흐르는 눈물을 상징하는 그것은 멈춤이었지
꽤 바들바들 떨며 흘러야 했는지

흘러요 흘러요 흘러요
흘러야 멈출 수 있었어
흘러야 알 수 있었어
진짜 눈물은 그런 거잖아
당연히 흘러야 볼 수 있는 것인지
번번이 흘러넘쳐도 말릴 수 없었다

스스로 과분하게 흐르고 나서야
그땐 서서히 멈출 수 있다니
동일한 눈물은 이제 그만 흘려
그만하면 됐어
흔들리지 않으려
한참을 쏟아 낸 눈물의 의미는 멈춤이 아니었을까

툭
툭
뚝

하루쯤 의도치 않게 다르게 살아간다

특별한 방법은 있었던가

모색할 방법이 있거나 없거든
하루쯤은 의도치 않게 다르게 살아간다

언제든 두드린다
맥 빠진 나를 두드리는 동안에

알 수 없는 하루를 다르게 살 수 있기 때문이다

좋아

내려놓고
어찌할 수 없음을 내려놓고
왔다 갔다 하는 나를 구석구석 내려놓는다

좋아

그랬으면 하는 하루를 다르게 살아간다
살아간다
분명히 우리는 살아간다
어디선가 다르게
비슷하게 멈추지 않고 숨 쉬면서 살아간다

일방적으로 재빨리 흘러가는 시간인 것을

붙들면 느긋하게 흘러가는 척하다가
어쩔 수 없는 척한 것을

또 집요한 일들은 아무렇지 않게 지나가 버리고

어쩌면 사라져 버린 생각이었을 테지
좋을 테지

좋아

그 어떤 날도
전부 내가 살아온 날이었거나

제목이 이리 중요합니다

신기하게도 제목만 들어도
책 한 권을 읽은 거 같습니다

내가 틀릴 수도 있습니다
그게 아닐 수도 있지요
어찌 그럴까 하고 멈칫하면서도

한눈에 보이는 제목이 중요합니다
잠시 마음이 멈추는 순간에
가슴 울리는 제목이 이리도 중요합니다
감동을 주는 간결한 문장은
세상을 바꿀 만큼 살아 움직입니다

아련한 여백의 의미가 있다면
새로운 관점에서
잠자는 당신을 일깨울 것입니다

한 줄의 제목에도 충만하여
여백이 없음을 느끼며
마음에 그림을 그립니다

마음을 움직이는 제목을 훔칩니다

고백할 줄을 모르는 그날에

같은 책을 봐도
같은 음악을 들어도
같은 길을 걸어도 새롭기만 합니다

참혹하게도 같은 건 없었고
이미 다른 이 느낌을 줍니다
그랬습니다
같았다고 생각하지만 다르게 생각해 버리고
다르다고 말하는 순간은 달라지고 싶어서입니다

한 번은 같아요
여러 번은 달라요
반복된 같음에 다르게 기억하고 싶은 것이지요

피어나는 꽃은 같지만 저마다 다르게 꽃 피우고
다르게 꽃 피우지만 꽃이 지는 때는 다르지만
꽃이 진다는 사실은 같습니다

같지만 다르고
다르지만 놓치고 나서야
시들어 버린 꽃잎마저도
고백할 순간을 놓쳐 버린 그날이었음을

타임 패러독스

거침없이 시간을 당기고선
허무하게 날려 버리고
빨리빨리 지나가는 시간에 쫓겨
돌아가고 싶은 순간을 찾다가
이대로 갇혀 버린 걸까

벗어나지 못하는 시간을 되돌리려고
원하는 지난 시간으로 감았다가 다시 되돌린다

쉼 없이 지나가 버린 시간이 필요해
쓸쓸히 버티며 알게 된 시간을 샀으니

단 조건은
갇힌 공간에 휩싸인다는 것이다

덩달아 반복된 시간은 재빠르게 쏟아진다

전부를 떠올리다가 보이지 않아
올 것 같지 않은 순간을 찾고선 바꿔 줄 거야

연달아 애틋한 시간 속으로 흘러가니

원하는 시간에 바로 깨어난 거야
모든 일이 반복되어 일어난 거야

그러다 보니 후회한 잘라 놓은 순간에 멈춰 깼다

위태롭게 같은 시간을 야금야금 꿈꾸는 걸

이런 일은 처음이 아니야

또 원한다면 원하는 시간을 왔다 갔다 돌렸는지
빨리빨리 빠르지도 않게
그렇다고 느릿느릿 느리지도 않게
울부짖기도
순식간에 웃기도 할 테니까

원하지 않을 때도 원하지 않는 시간을 돌렸는지
긴긴 날들은 돌아가는 시간이 아니었을까
돌아오지 않는 것이 아니었을까

여전히 부르르 떨리는 초침은
째깍째깍 반복되고 있지만
아이러니하게도
어쩜 발견한 우주에는 시간은 없었던가

도서관에 꽂힌 책들은 자유롭다

뽀얀 먼지 쌓인 책을 볼 수가 없다
내려앉은 먼지도 발걸음을 돌린다
도서관의 책들은
외롭지 않게 각자의 자리에서 타오른다

지금쯤 책을 흔드니
켜켜이 부딪혀 흥얼거린다
빼곡히 자리한 책들은
어디로 여행을 갔다 온 것일까

몇 장을 넘기고 또 넘기니
누군가가 읽고 넘긴 흔적들을 남기고
지난 시간 속으로 달려간 듯 종이의 향기가 흐른다
꽃이 핀다
아니란다
책 안에서 꽃이 피고 지는 세상을 보았다

어떤 세상을 겹쳐 볼 수 있을지
책들의 언어는 다 다르고
서로 고개를 돌려 본 후 자리에 있다가
필요로 하는 당신에게
마음을 열었다가 닫았다가 반복한다
때론 기쁨과 슬픔이 덩그러니 자국을 남기면서
감싸안은 포근한 손때의 흔적들을 전해 준다

꽂힌 책에는 꽃이 피는 봄도
여름도
가을도
혹은 겨울도 만날 수 있다
세월을 느리게 갈 수 있고
빠르게 갈 수 있는 도서관의 책들은 자유롭다

지난 이야기

언제부턴가
늘 아무렇지도 않게 이야기가 시작되었다

무슨 이야기일까

드문드문 꺼내지 않으면 사라질까 봐
끝도 없이 잊을 만하면 다시 꺼내 보는데
규칙적으로 과거로 들어갈 시간이 되었으니

사소한 추억으로 평생을 살고 있지

거꾸로 매달려 잃어버린 추억을 붙잡는 것뿐
지나가다 보니 그게 추억이 되어 버린 걸

언제까지 어루만지며 꺼내야 할까
꺼내고 꺼내 보아도 새로운 듯해

우리는 참 오래도록 볼 수 있었던 거야
그만 좀 하라고?
돌아볼 지난 시간이 있어야지

괜찮을 수 있을까

다 괜찮을까
괜찮아
다 괜찮아

언제부터인가
지나고 나면 사라지다가 나타났다가
뚜렷이 보이는 지난 것에 대해
생각할 수밖에 없으니

숨어 버린 지난날로 돌아갈 수 있을까
자유롭게 돌아갈 수 있을까
너도
나도
돌아간다면
돌아갈 수 있다면 좋겠지만
이미 펼쳐진
두근거리는 지난 이야기라도 꺼내 본다

별거 없을 뿐

바라볼 뿐

그새 가진 시간을 흘려보내고

가진 시간이 흘러가야 하니

지나갈 때마다 돌이킬 수 없는 것도

돌이킬 수 있는 것도

나아갈 때마다 재빠르게 사라지고

돌이켜 본다는 듯이 꺼내어 본 거야

온전히 나눌 수 있는 기억인 줄 모르고

도대체 뭐야

꺼내 보면 다시 가느다랗게 사라지는가

감춰 둔 뜨거움만이 보일 거야

잠들지 않는 차가움만이 보일 거야

가면 갈수록

더 깊어진 지난 이야기를 꺼내는 중이었다

이쯤 되면 안 할 때도 됐는데
쌓여 가는 지난 이야기를

또 다른 날개를 잃어버리기 전까지

풍요의 자유

풍요인가
자유인가

그렇게 오고야 말았죠

볼 수 없는 부풀어 오르는 풍요인가
마주했던 흔들거리는 자유인가

여느 때처럼
나만의 새로운 풍요를 허락하죠

남다르게 하루를 누리면서
일주일을 더 누리고 싶다
그렇게 일 년을 누리고 싶다
그러다가 십 년을 누리고
이 리듬으로 스스로 끌어당기는 힘을 얻는다

먼저 헤매다 있는 그대로 보이는 것을 보면
있는 그대로 보면 되지 않겠냐고

남다르게 가만히 하루를 느끼고서

지나고 보니 숨 쉬는 것만을
온전히 또 느끼고 싶죠

헤집고 다니는
풍요로움이 자꾸만 떠돌게 된다죠

항상 풍요 속에 빠지는 동안
여전히 풍요 속으로

원자로 읽게 되었는가

이를테면 같은 반복된 행동을 하면서
다른 세계를 바라고 원하지만
원하는 대로 될 수가 없었지만

뭐든 원하는 대로 바라볼 수 있냐고
게다가 바라본 대로 읽을 수 있냐고
밀려오는 너의 세계를 읽을 수 있냐고

새로운 하나가 둘이 되고
둘이 셋이 되고
셋이 넷이 되고
넷이 다섯이 되고
다섯이 여섯이 되고
여섯이 일곱이 되고
일곱이 여덟이 되고
여덟이 아홉이 되고
아홉이 열이 됩니까?

이 세상을 점차 원자로 읽게 되었는가

또 다른 하나는 기뻐서 둘이 되었고
둘은 기뻐서 셋이 되고

셋은 기뻐서 넷이 되고
넷은 기뻐서 다섯이 되고
다섯은 기뻐서 여섯이 되고
여섯은 기뻐서 일곱이 되고
일곱은 기뻐서 여덟이 되고
여덟은 기뻐서 아홉이 되고
아홉은 기뻐서 열이 되는 동안

자유로운 우주에서 새롭게 만났지만
만나고 헤어지니
이제 열은 슬퍼서 아홉이 되고
아홉은 슬퍼서 여덟이 되고
여덟은 슬퍼서 일곱이 되고
일곱은 슬퍼서 여섯이 되고
여섯은 슬퍼서 다섯이 되고
다섯은 슬퍼서 넷이 되고
넷은 슬퍼서 셋이 되고
셋은 슬퍼서 둘이 되고
둘은 슬퍼서 하나가 되는 동안

당신은 당신의 보이는 입자와 보이지 않는 입자를
아직 눈치 못 챘나요

프랙털의 감각

특별히 무엇을 바라보는가

늘 사소한 것까지
차곡차곡 담고 싶은 날은
길고 짧았다가 넓고 좁아 보인다
똑같은 무늬가
반복되는 자유라는 걸 알아차렸어

못 보도록 가려진 걸까
가려져서 못 본 것일까

상상의 패턴이 매력적이게 다가왔다
색다르게 보이지만 같게
새겨진 무늬들은
다 다른 패턴으로 크고 다르게 나열되었다

진정한 무늬는 탁월한 선택이었다
요란한 무늬는
때론 규칙적인 패턴으로 보이기까지

몇 번을 뜨겁게 반복할까
기적을 친절하게 셀 수 있을까

헤어 나올 수 없는 근사한 자연으로 나갈까

가득한 것늘이 가득한 곳에 살아가고
친숙한 반복되는 세계를 얼른 지나간다

무한한 아름다움에 사로잡혀 점차 펼쳐진 것은

상상이 가세요?

통계적으로 가지런히 반복되는 게 멈추지 않는다면

당신을 느끼고 갑니다

나를 어떻게 했기에
나의 시선은
어디로 향하는 건가요

색다른 나의 시선은 어디에 머무는 걸까요
이러다 큰일 납니다
멈출 수 없는 눈길을 어디에 둘까요

잊지 못할 끈끈한 눈빛을 다 가지세요
출렁이는 넓은 호수의 바람을 맞으며
겹쳐 보이는 흐르는 시선을 가까이합니다

탁 트인 시선으로 시야를 넓혀야지
아무도 모르게
꼭꼭 숨길 수 없는 사소한 시선은 없어요

당신에게 느끼고 갑니다
눈으로 어루만지고
마음으로 만지고 다시 돌아갑니다

나의 아름다운 시선이
남겨져 있을지 모릅니다

생각해

생각해?

생각해.

그렇게 생각해?

그렇게 생각해.

생각해

…

그렇게

…

왜?

낯선 각도의 비밀

누군가요
아는 사람인지 순간 물끄러미 바라봅니다
낯선 사람이 문을 열어 주네요
친절하게도
입구로 들어갈 때까지 문을 잡아 주네요

낯선 곳으로 떠나는 여행처럼
문으로 들어가는 순간
낯스러움으로 하여 설렙니다

낯선이라는 단어가 무색할 만큼
낯선 곳에서
낯선 장면도 익숙해집니다

너도
나도 처음에는 다 낯설었어도
지금은
익숙한 내 생에 아름다운 계절을 너와 함께합니다

나도
어느새 낯선 사람의 문을 보시시 열어 주네요

자동문의 고백

문이 열립니다
자동문이 열립니다
가만히 그대로 다가가도
아무 말도 없이 열립니다

가까이 더 가까이
발걸음의 방향을 옮기니
문이 열리다가 닫히고
다가가니 열리고

당신이 다가오기를
기다리면
반기듯 살짝 마음을 열어 보지요

아니면 순간 마음을 스치듯
자연스레 보여 준 걸지도 모릅니다

슬며시 문이 열렸다가 닫혔다 머뭇거리며
한 번쯤 당신 마음의 문은 열리나요

글로나마 너에게 갈 수 있을지

단어가 문장이 되어
문장은 언어가 되어
느닷없이 고백을 한다

어딘가에서 빛나게 새겨질까

너에게 가는 따뜻한 이야기를
다른 곳에서 갈 길을 잃어버리면

숨겨 놓은 이야기를
아무렇지도 않게 꺼내 보았다
꺼내고 싶은 것부터 감춰 둔 것을 하나씩 고백한다

간닥간닥 미간이 흔들린다
아직 미발표작은 깜깜한 곳에서
머무르는 동안에 어두운 그림자를 가지고만 있다

사소하지 않은 이야기를 늘어놓는다
고작 한 글자씩
천천히 조금씩
글로나마 너에게 스름스름 갈 수 있을지

재빨리 모를 뿐

그윽한 틈 사이를 반복하듯
감출 수 없는 낮과 밤은 정교하게 이어졌다
맞닿은 낯선 인생에서 매번 애를 썼지만
허무하게도 아무런 효과가 없었다

스며드는 바람을 타고 단지 살아 있으니
도망칠 곳 없는 꿈틀거리는 삶을
혼자만의 방식으로 가까스로 살아가겠지
살면서 못 보고 나를 못 보고 너를 못 보고
아슬아슬 사는 건 못 보고 지나가는 것도 있겠지
보이지 않고 둥둥 지나가겠지
보고서도 뒤돌아보지 않고서 지나갈지
온갖 원인 모를 것에 집착하거나
제멋대로 소리 따라
서서히 머무는 감정 따라
어쩌다 스칠 때면 수북수북 생각나니
때마침 못 본 것뿐인지
불쑥 보고 싶지 않아서인지
가끔 보고서도 못 본 것처럼 침묵했었다

세상의 의미는 낮과 밤으로 번갈아 찾아오니
보기만 해서는 익숙한 낮인 듯 밤인 듯

쓴다

바다를 쓰면
내 마음의 바다를 가졌지요

산을 쓰면
내 마음의 산을 가졌지요

달을 쓰면
내 마음의 달을 가졌지요

별을 쓰면
내 마음의 별을 가졌지요

구름을 쓰면
내 마음의 구름을 가졌지요

그대를 쓰면
내 마음의 그대가 다가왔네요

빼곡히 쓰면 쓸수록 활짝 미소 짓게 되네요

어디선가
그대는 무엇을 쓰고 있나요

구멍 뚫린 양말을 꿰맨다

밤낮으로
너와 생활을 함께하고
이제야 뚫린 채 가 버리는 건지

바람이 불어오니
시원하면서도 아쉽구려

가냘픈 피부를 감싸고
구멍 나서는
너를 떠나보낼까 하다가
이내 아쉬워
바늘에 실을 넣고선 구멍 난 양말을 꿰맨다

뚫린 빈 공간을 메꾸었다
감싸안은 발은 다시 편안한가요

내 마음의 구멍도 메꾸어졌나요

그래요

내게 자주 일어난 일이 되어 버렸으니까요
그래요
더 깊이 생각하는 동안
침착하게 자유로워졌으니깐요

그래요
그럴 거예요
그래요
그런 거예요

그래요, 그렇게 해 보고 싶었던 것들이니까요
아무리 하려 해도 못 하게 되는 건
아무래도 이건 고립된 함정인 건가요

그냥 호기심을 가지고
하고 싶은 건 다 하고 살면 얼마나 좋을까요
그럴까요

하나하나 하고 살아 봐요

그냥 그렇게요

그래요

그냥 해 볼 거 다 해 보면 그렇고 그런 거니까요

그래요

슬쩍 말하면서도 지금도 좋잖아요

그래요

휴관일입니다

오늘은
덜렁거리는 마음도 잠시 쉴까 합니다
어쩌지 못하는 마음
가만 내려놓아 봅니다

모르는 문장들이
마음에 빼곡히 자리합니다
넘쳐흐르니 찔린 듯 멀리 가기도 어려웠습니다
쉬어 가라고
쉬라고 하는데 쉬는 게 그리 쉽지가 않습니다

보이지 않는 물결이
진저리 치면서 가슴으로 밀려오기도 하기에
휴관일에도 혹시나 멈춘 마음이 요동칠까 봐
다시 조바심이 나더니
고요한 마음을 찬찬히 들여다볼 수 있었지요

신이 나서 놀다가
내팽개쳐 버린 마음도 자연스레 비워집니다

비우고 비우면
어디까지 비울 수 있을까요

나만의 길

나만의 길을 걸으며 놀란다
안개로 가려져
보이지 않는 길을 걸음에도
두렵지 않음을

아무런 규칙도 정하지 않고
기대와 설렘의 발걸음으로

같은 것만 같은 느낌의 길을
걷는다
또다시 반복되는 길을 걷는다
끝없이 길게 늘어진 길을 걷는다

똑같은 길 같으면서도 다른 길
이 시공간에
함께하는 게 좋을 뿐

기대와 설렘을 안겨 주는
나만의 길을 열고 열으며 걷는다

놀라운 나의 도전 길을 걷는다

침묵의 세계

괜찮다
괜찮다고 했는데
안 괜찮다
안 괜찮은 거였다
언제 그랬냐는 듯
괜찮을 줄 알았다

스쳐 지나가듯 바람이 지나가고
시간도 쉬지 않고 흘러 지나가고
지나면 잊힌다는 말도 다 거짓말처럼
안 괜찮다
끝내 괜찮아지지 않는 건지도

지나가 버린
짓눌린 숨겨진 시간을 불러도 좋을까

흘러간 시간 너머로 놓아 버린 줄 알았던
오래 머물고 있는 미련 앞에선
어떤 말로도 위로가 되지 않는다

미련이라면 그냥 한번 살아 볼까
미련스럽게 봄날에 그래야 할까
그럴 만도
피어난 꽃을 기다리는 그런 마음만

반복된 침묵은 애틋함을 덮고 꽃이 뒤흔든다
뒤돌아보는
침묵을 사랑하지 않아야 괜찮아지는 건지

반복된 공간 안엔 아무것도 없음을
조금이나마
느린 걸음으로 침묵의 세계를 지나갈 뿐

아직 풀리지 않는 봄만 오면
이따금 아름다운 것들을 여전히 기다리며

미련스럽게
미련만 떨기 바쁘고
이런
미련하기는
미련할 지경으로 차라리 잘됐죠

아무렇지도 않게 향긋한 봄이 오면
물든 꽃구경한다고 바쁠 테죠

사라졌다가도
오랫동안 잊을 순 없었던 거죠
부디 모른다고 지나칠 수 없었던 걸까

별수 없이 화사한 꽃들에 묻혀
봄바람에 떨어져 뒤집어져 꽃잎들은 날아가고
서둘러 찬란한 미련도
저 멀리 보태 날려 묻혀 둘래

사라지는 꽃잎에 날려 다시, 작별해 볼까

만취한 아픔을 말할 수 없어 웃었다

나만 모르고 너는 아는 이야기들이다
나의 이야기인데 나만 모르고 있었다

얼마나 부르르 떨고 있는 눈을 감았을까
딱히 소용없으니
여전히 둘러싸여 끝도 없이 떠올라
나와 너를 생각하다가 그만 보내 버렸다
정말이었다
불쑥 맴도는 아픔이 사라진 것일까
더 이상 예측할 수 없었다
이젠 잘 몰랐을까
만취한 아픔을 말할 수 없었다

아프고 싶지 않은 이유가
실컷 아팠기 때문이 아닐까
찢고 나온 아픔이 지나가고 있을 테지
적당한 아픔은
이상하게도 찾아온다

왜 얻은 아픔에 휘감겨 짙어지자
아득히 사라져 버렸나
불쑥 웃음이 찾아온 것 같다

여러 색의 예감은 두리번거린다

느껴지는 예감은 뭘까
언제부터 무엇으로 가득했을까
여러 색의 예감은 두리번거린다

왜왜왜왜왜왜왜왜왜왜왜왜왜왜왜
왜왜왜왜왜왜왜왜왜왜왜왜왜왜
왜왜왜왜왜왜왜왜왜왜왜왜왜왜

질문만 하고선
바깥에서 가두어져 있던 나
움켜쥔 안에서 잠가 버린 나

이미 웃지 못하는 것은
차가운 슬픔을 놓지 못하고 있더라
거리를 두고 멈춰진 것들을 열었다
참을 줄도 모르고 다시 만난다
생생하게 보이지 않아 가라앉은 공기로 느꼈다
드러나는 게 있었다
깨어나는 느낌으로 느껴진다

그럼 느낌을 봐야지

뜻밖에 느낌도 있었다

미세하게 흔들리는 느낌도 있었다

꼼짝할 수 없는 느낌을 모았다

차가워진 아릿함을 느낀다

같이 있는데

함께 있지 않음을 그대로 느끼는 동안

어쩌다 눈물 한 방울이 떨어진다

한 방울이 내려오고선

다시 떨어질까 주춤할 땐

뚫고 나오는 소리가 들리지 않았으니

볼 수 있는 눈물일 뿐

흘리니 볼 수 있게 되었다

눈물 말이야

흘리는 기분의 눈물 말이야

다만, 흘려야 알 수 있는 것처럼

온전히 찾아온 뜻밖의 의미를 알았다

잘 울기도 하는 것을 말이죠

한참을 슬퍼서일까

한참을 울다가 웃어서일까

가끔 굵어졌던 눈물방울의 끝을 기억하곤

채색이 현란하다

색깔은 길을 잃어버린 건지
가야 할 길이 보이지 않는다
거기엔 없었구나

하얀 백지상태도 여백의 미도 있겠지만
지금 우리는 칠한다
색칠한 이 공간이 예술이지
이 아름다운 걸
볼 수 있다는 게 얼마나 좋은 일인가

듬뿍 색을 칠하며
행복을 느끼는 웃는 모습이 아름답다

조금씩 매혹적인 그대는
조금씩 흐트러지기도 하지

몽환적 음악이 흘러나오니
흐느끼던 마음의 벽이 허물어지고
마음을 채색하니 벅차오르기 시작한다

지금 찾아 볼래요
설렘이 뭉클뭉클 되는 곳을

생각 안 하고 뭐 해요

도대체 뭐 해요
생각 안 하고 뭐 해요

얼핏 알 수 있었던 생각을 만났잖아요
그런 것 같네요
빛과 어둠을 가리키면서 자연스레 만났네요

몽땅 물어볼까요

모든 걸 알았다고 생각할 때마다
생각하면 할수록
내가 모르는 세상엔 다르게 사는 사람이 많습니다

누군가는 요리를 해 주는 것을 좋아하는 사람과
요리하는 것을 싫어하는 사람
누군가는
요리해 준 음식을 맛있게 먹어 주는 사람
요리해 준 음식을 맛없게 먹는 사람

어찌 보면 다른 사람들이 많습니다

그뿐인가요

이제는 이런 일들은
흔한 일이 되어 버리니까요
느닷없이 이게 무슨 일이 되어 버린 걸까요

제각각 무얼 조금씩 내려놓을까요
지금은 잘 모르겠어요
그럼 언제 알 수 있나요

글쎄요
어쩔 줄 모릅니다

아직 다름이 버거웠는지 다름을 몰랐습니다
우리는 몰랐습니다
그뿐입니다
빛과 어둠을 거듭 주체하지 못하듯
빛과 어둠으로
말없이 우리들을 흔들어 깨웁니다

눈치채셨나요

책 표지에 엄마의 사랑이 씌워졌다

얼마 전 엄마께 선물로 드린 책 한 권이
식탁 위에 놓여 있다
숨결이 느껴지는 책을 바라본다

무심코 펼치면 겹치는 페이지에
쏟아져 나오는 시어 가득한
두꺼운 시집을 외면할 수도 없다
돋보기안경과 나란히 다정하게
서로를 바라보고 있었다

잠시 꿈나라로 떠났다가
다시 올려진 책을 바라보니
건네준 책에 책 꺼풀이 입혀져 있었다
깨끗한 책이 말을 건넨 것일까
멍들지 않게 해 줄래?
귀하게 대해 줄래?
얇다란 하얀 종이를 투시하니
희미하게 큰 숫자가 보인다

세월 따라 겉표지가 닳지 말라고
애지중지 감싸안고선

하얀 달력의 뒷면을 덧씌웠다
이렇게 하면 겉면도 시도 아름답게 보존된다고
누가 그랬나요
사랑스러워진다고

한 페이지 한 페이지 넘기는 소리에
배가 부르다
마냥 빼곡하게 채워진 글씨만큼
가슴 언저리를 두근두근 흔들어 댄다
어쩔 줄 몰르는 내게
가슴 벅참은 한없이 부풀어 오른다
시야가 흐려진다
놀랍지 않는가

바로 앞에 희미하게 비치는 그림자는
엄마다
나를 바라보고 계셨다
아직 꿈인 줄 알았다

내 시집이
울 엄마에게 얼마나 뿌듯하셨을까

멀미하는 상자

얼마나 특별한 것들이 상자 속에
숨어 있는지 모르겠어요

늘 뒤덮여 싸여 있을 땐 꼼짝하지 않고 있다가
두 손으로 들었을 때 함께 움직이니깐요
상자가 흔들리네요
흔들흔들거리는 경험을 하는 중이네요

꽁꽁 싸맨 상자를 열어 보기 전까지는
흔들거리는 상자 안을 볼 수 없었습니다
투명한 상자라면 금방 볼 수 있었을지도
모르겠습니다

조금씩 움직일 때마다
소리 나는 상자 안이 궁금하였습니다

소곤거리는 바람 소리인 줄 아나 봐요

무언가 들어 있는 상자가 먼 길 떠날 때
곁에서 부는 흔들바람일지도
흔들흔들 덜 흔들렸으면
멀미하는 상자가 좀 편안했을 테지

어찌 상자에 바람이 있냐고요?

글쎄요

닫힌 상자만 비밀을 알고 있는 건가요

그대가 그대로 전진

강렬한 그대가 그대로 끌어안아 주니
거침없이 세상의 길이 환히 열린다

누군가도

잠시 멈췄어도 그게 아니었다
잠들 수 없는 설렘을 숨기지 않는다

적어도 그대가 포근하게 껴안아 주니
오랫동안 떠나간 설렘이 밀려왔다

한번 다시 돌아올 거라고요?

꽉 찬 설렘 말이야
품에서 말이야

딱히 돌이켜 보면
참, 물음표처럼 잊힌 지 오랜 시간이지만
내 것이 아닌 것 같은 시간이니깐

그대로 멈춰라
그대로 멈춰라

지나던 긴 시간 따라 떠나 흘러갔다가
눈앞에서 빙빙 돌아
초승달처럼 그대로 아득해져 있다가
어느새 알아보지 못하고 흔들렸고
밤하늘을 보며 나는 무슨 생각을 했을까

?
물음표
?
달
?

완벽한 바코드

찍힙니다
잇달아 찍고 찍었습니다
어디선가 잔뜩 찍히고 찍는다고 바쁩니다

글쎄, 도대체 눈앞에서 무슨 일이 일어났나요
수십 번 바뀌는 바코드는 제각각 다른 모양이에요?
바코드 말이에요?
그러니까 어떻게 그 속을 알 수 있을까요
궁금한 것은
닫힌 마음도 아닌 열린 마음도 아닌데 말이죠
중요한 건 아니니까요
떠들썩할 필요 없고요

가지런히 찍자마자 뭐가 있었나 웃었습니다
잠시, 그 틈 사이를 빛의 속도로 뚫고 나가서
감춰진 그대로 인식이 되었습니다
캄캄해서 보이지 않다가 익숙하게 찍고 찍힙니다
자발적으로 고스란히 새겨진 바코드를
교대로 확인하며 저절로 스쳐 가고 있었네요

분주히 바빴던 움직임에 떠밀려 갑니다
찍혀 떠밀려 간 듯
어딘가로 소리 없이 사라져 버렸습니다

최대한 고갤 들어 보다 보면 다르게 보이나요
흘러넘치도록 확장되었습니다
빠르게 찍고 밀려 움직이고 흐르고 있었습니다

찍는 건 찍힙니까
바코드를 찍는 건
가끔 까다로운 조건이 따르겠죠
열어 볼 수 없어 못마땅할 때도 있지만
사실 잘 몰라 엿보려 실눈 떠 봐도 늘 모릅니다
그게 전부가 아니라니

찍히고 찍혀야만 하는 바코드를 수용하고 싶나요
고개를 끄덕이며 아무래도 참 신기한 세상입니다

떠올랐습니다
인간적으로 미래로 나아갈 수 있을까요
미리 새겨진 굵기가 다른 흑백 막대를 읽다니
다 똑같은 것도 아닌데 말이죠

적힌 바코드 안에서 누군가는 오르내리며
옮긴 바코드를 빠른 속도로 읽기 시작합니다

나열되는 무언가가 읽히는 동안에

너만의 너를 사랑하는 법을 찾을 때

그냥 그대로 시작만 하면 완전히 다른 세상인 것을,

혼자만의 훈훈한 전율을 한 줌 느낄 수 있는 것을,

멈추지 않고 가슴 뛰게 사랑하는 동안
하늘 위에 흐르는 구름 한 점 고맙다고
하늘 아래에 떨어지는 빗방울에 감사하다고

눈부신 너만의 움켜쥔 언어는
그때마다 오려진 너를 서서히 움직이고
네 안의 꼭꼭 품고 사는 사랑 또한 휘휘 움직였지

아름다워질 수밖에 없는 것들은

깊게 몇 번이나 생각했었다

막상 파고들 때까지
아름다워질 수밖에 없는 것들을

아주 잠깐이라도 적극적으로 나를 바라봤다

나라는 나는
불확실한 나는
움직이는 기억 속 나는
나라는 사람은 눈치도 못 채고 나를 번역하였다

나를 나로 번역하는 일은 자유를 찾는 것이라고

수십 번 나를 보면서 바람결에 자유를 물었다

나는 나를 알지 못하나 봐 나를 말이지
나답다
나다움은 세상에서 빛의 속도로 나뒹군다

전혀 알 수 없는 나의 덫에 점점 흔들려 갇힌다

매일 헤매고 있는 나를 알게 되었다가
조금씩 갇힌 나도 알게 되었다가
다시 제자리에 맴돌고 있었지만

정말 감각적인 너라면 그랬겠지
김춘 다른 너를 알게 되었다가
그렇다는 걸 너도 자연스레 알게 되었지

반복적으로 알게 되다가도 나와 너를 모르는 게
때론 좋을 수도 있었지

자유로워질 수밖에 없는 것들은
너와 나이더냐

시시한가

시시한가
말없이 살아가는 게,

시시한가
내뿜으며 숨 쉬는 게,

시시한가
너에게 겹치는 모든 것들이 말이야,

너만의 루틴을 좀 바꿔 봐
내가 너한테 졌다
진짜 너한테 졌다 졌어
여전히 괜찮다고 하면서
조금은 밝았다가 어둡게 살아가면서
알다가도 모를 이유를 찾으며 살아야 하니깐

차츰차츰 살아가다가 시시하다 싶으면
시시한 것들은
시시하게 좀 비우고 또 비우고 비우고
채우고 채우다가 비우고 시시하게 살아가다 보면
시시할 정도로 아무것도 아닌 게 되겠지

자꾸만 새로워지겠지
사라지는 것과 새로움이 교차하면서
또 알 수 없는 모호한 감정을 느꼈을 뿐

지루한 호흡은 오랫동안 같았던 것처럼

너무나 쉽게 생각되는 살아 있는 호흡이
얼어붙은 누군가에게는 간절함이 아닐까

시시한 일들 같지만
시시한 것들이
시
시
시
시
시
시
시

시였다

시시한가

어서 와,

비밀이라고 말했지만
시시한 인생 같은 건 없으니까

치유

시

시?

시로?

시로 시로

시로 시로 시

시로 시로 시로

시로 시로 시로 시

시로 시로 시로 시로?

모르니까

소녀의 눈물

눈물을 흘리는 여린 소녀는
들키지 않으려 눈물을 훔칩니다
쏟아져 흘린 눈물을 직접 보지는 못했지만
젖은 휴지 뭉치와
들썩이는 뒷모습을 보며 느꼈답니다

먹먹하게 젖은 눈물은 어떤 의미의 눈물일까요

눈물을 훔치면서
떠나는 모습에 감춰진 마음이 벅차올랐습니다

흐느낌은
소녀의 타오르는 절실한 사랑을
말하는 걸 느꼈죠

실은 잘 모릅니다
괜히 아는 척한 겁니다
울고 있는 울음의 의미를 말이죠

어쩌다
알 수 없는 눈물의 의미를 찾습니다

함께하고 싶은 마음이 강한 걸 겁니다
혹시 길어진 인생을 살아간다고
길게 함께 살아갈 수 있음을
결코 아닌 걸 알면서 기대합니다

돌아보면 단 한 번뿐인 걸
잊어버린 채 지나가 버리고선
꿈같은 인생을 꿈꾸며 살아갈 수 있을지
늘 함께하기를 바라는 간절한 기대일지도
잘 생각해 보면
이 모든 게 사랑이란 걸요

깊은 떨림으로 흐느끼는 울음은
오직
소녀의 절실한 바람이리라
사랑이리라

너의 십 년 후는 나의 십 년 후는 어떨까

벼락같은 십 년 전에도 그랬듯이
십 년 후에는 어떨까 그랬던 것처럼

아직도 머뭇거리던 십 년 전 공기다

흘러가는 것은 움직이지 않는 것처럼 끝없었다
오롯이 보이지 않아도 알았다

읽을 수 있는 그날도
찾아가는 지금도
길 것 같았던 십 년이 얼얼하게 날아갔다

다시,
십 년 후에 똑같은 이야기를 나눈다
우스갯소리로 우리는 또 어떨까
계속되는 똑같은 듯 다른 이야기를 나눴다
어딘가로 반짝 묻혀 가게 될 것 같다

언제나 현재를 뛰어넘어
끝끝내
잘 보이지 않는 세월을
한없이 거슬러 올라가 볼까
아직도 꿈을 부르고
아득히 너를 부르고
나를 부르고
하나 둘
둘 셋
셋 넷
넷 다섯
다섯 여섯
여섯 일곱
일곱 여덟
여덟 아홉
아홉 열
열 열 열 열 열 열 열 열 열
소리 없이 포개져 지나가겠지

그게 가능한가
간신히
흐르는 시간을 껴안아 주는 법을

처음도 끝도
더듬어도 여전히 알 수 없다
다행히도 알 수 없어
기쁘다

사랑의 속도

시내에선 최대 속도 시속 50km
너무 빠르면
벌금과 벌점이 부과되고
너무 느리면
교통 체증을 유발해요

사랑에도 최대 속도와 최저 속도가 있어요
빠르면 과속으로
사랑의 벌점으로 둘 사이에
묘한 경계심와 매력을 점점 잃게 되고
느리면 사랑의 체증으로
다른 눈길로 빠지게 되죠

빠르거나
느리거나
적정 속도는 사랑도 원만하게 한다오

사랑의 속도
시내에선 시속 50km

지금 시내인가요
고속 도로인가요

허용된 공기

돌아올까요
돌아오지 않을까요

장난 아니네요
장난이 장난 아니네요
해맑은 그대의 상상력은 장난 아니네요

차라리 커다란 봉지에 공기를 담아
봉지에 가득 찬
가라앉는 공기를 기억하는 그대는
잠시 침묵하는 공기를 끌어안았어요

고요히 공기와 가까워졌나요
여전히 공기가 기억하는 공기인가요

어쩌면 봉지에 그날의 공기를
기억하기 위해 가둬 두는 것입니다

마주치게 될 공기를
다시 한번쯤 나눠 주었는지

나누어야 할

지금 허용된 공기는 얼마만큼인가요

그대는 몰라도 공기를 만지고

그대는 몰라도 공기를 마시고

그대는 몰리도 공기를 느껴요

어쩌나요, 공기를 말이에요

마시고 뱉어 낸 자리에서

떠나지 않을까요

그런 그대가 공기를 담는 게

분명하게 느껴지네요

지나가는 공기와 다가오는 공기 사이에

진짜와 가짜 사이

그때 기억해

인위적인 눈물은 완벽해 보이지만
그건 가짜였어
어지러운 눈에 인공눈물 한 방울 떨어뜨리면
내 눈을 이따금 슬프게 만들지

건조한 눈으로
건조한 세상을 바라보고선

눈물의 한계는 다 보여 줄 수 없었고
보여 주는 눈물도 때론 진짜가 아니야

진짜를 진짜라고 믿고
진짜도 가짜라고 믿고
가짜를 가짜라고 믿고
가짜도 진짜라고 믿고
믿고 있다면 볼 수 없었는데

완벽하게 진짜도
완벽하게 가짜도 아니고
바라보면 진짜였다가

가짜도 됐다가
알고 나면 가짜였다가
진짜도 되는 거지

진짜와 가짜는
서로를 닮았다고 착각하는 거지

어쩔 수 없이 뒤섞인 진짜와 가짜 사이에 갇혀
안절부절못하며 살아갈 뿐

다 감추지 못한 말 많던 눈물이 쏟아지면
보다 못해 말없이 그대로 흐른다

솔직히 나쁘진 않아

마음의 일기를 써 내려갑니다

무엇입니까

그 안에 아름다운 것은

볼 수 없는 그게 무엇입니까
볼 수 있는 그게 뭔지
과연 볼 수도
못 볼 수 있었나요

매일매일 잠들지 않게 무엇을
간절히 쓰는 것인지
진짜 비밀스러운 나를 몰라
아직 비밀스러운 너를 아무도 몰라
몰라 남긴 것을

한꺼번에 흐르는 마음을 모릅니다
끊임없이 깊어진 마음도 모릅니다
모른다 하니 모르는 일을
들어가 보니 봐도 모를 일이?

보이지 않아도 걱정 마라
그럼 단호한 나의 마음을 알아차리자
새벽 너머의 너를 알아차리자
밀려오는 공기 사이로
이토록 함성을 크게 질러 봅니다
내뱉는 소리 따라 따라갈 듯하다가
두리번거리다가 돌아옵니다

줄지어 서 있는 공상을 접고 또 접다가
그 사이를 맴돌다가 번져 가는 마음은
어디로 튈지
가끔 모를 때가 있네요
붙잡을 수도 없고
내버려둘 수도 없네요
붙잡아도 그냥 둬도 새로워요

숨겨 둔 마음의 길이가 길거나 짧아지면서
되풀이하는 마음은 가끔 거짓말을 하지요
맞다 맞다 하다가도 아니고
아니다 아니다 하다가도 맞다 하네요

단, 잊겠다는 말도 반복했다 합니다
왜 오랫동안 바뀔 수 있을 거라 믿었나요
가까스로 너의 마음을 말해 줄 수 있나요

깊숙이 숨겨 놓았던 마음을 틀어막고
금세라도 놓을 수가 없었지요

물들어 가는 꽃을 수북하게 피워 봤으니
어차피 와르르 꽃 지는 것도 느끼면서

지켜 줘야 할 마음은 늘 이상하네요
수천 개의 모르는 색들이 칠해졌다가
거품처럼 사라지기도 합니다

믿을 수 없었습니다

밀어 내는 마음이 포개질 때
잠들기도 했다가
불쑥 튀어나온다면 어쩌나요

헤매는 나로부터

헤매는 너로부터

마음을 쓰기까지는 짐작하지 못했지요

떠나지 않는 것을 쓰고 나서야

제멋대로 외면할 수 없는 것에 대하여

알아차렸습니다

그건 스스로 알아 버린 써 내려간 마음이기에

투명한 너를 바라보는 관점

가만히 바라보아도 보이질 않아요
전혀 보이지 않아요
얼마나 바라보아야 할까요
믿는 대로 보이는 것일까요

아릿한 너를 가까이 보아도
멀리서 보아도
가려진 너만의 색을 볼 수 있긴 한 걸까요
자꾸만 닿을 듯 닿지 않네요
천천히 너의 색깔을 찾다가
다다른 색에 젖어 버릴지라도

계절 내내 투명해서 뚝뚝한 너를 묻지 않으면
너도 너를 잘 몰라요
잘 모르는 너를 보고야 말았지요

마법에 걸려 봄이 되기도 하고
느리게 해 지는 여름이 되기도 하고
길 잃은 투명한 가을이 되기도 하고
눈이 내리는 겨울이 되기도 하지요

지금까지 함께한 계절 사이로 마주하면서 봤기에

지난 계절과 돌아올 계절 사이로 서성일 뿐
어떠셨나요
어딘가에 흘러넘치는 투명한 너이기로

없던 블랙홀

매일매일 숨 가쁠수록
마음을 차지한 블랙홀의 크기와 위치는 매번 바뀐다

.

.

.

알려진 바가 없어
알고 싶은 좌표를 정확히 알 수 없었다
마주친 길에서 맘대로 열어 뒤적여 봐도 왜 모를까

왜 그럴까?
왜 모를까?

헤매다가 두 눈을 감고
캄캄한 우주로 가깝게 갈수록 신비로워진다
두 눈 딱 감고 불쑥 볼 때마다 왜 아름다울까

어지러움을 느낄 만큼
블랙홀의 수를 종일 세느라 끝내 쉴 수가 없었다던

왜 감정은 블랙홀에 빨려 들어가는지
뭐라 헤아릴 수 없을 때
나도 모르게 질끈 눈을 감는다
끝없이 이어지는 매혹적인 블랙홀에 파고든다

몰입하는 일순간에 여긴 어딜까

치명적인 초침은 말한다

이유 있는 시간 속으로 녹아들어 간 건지

한가롭게 갈 수 없던 시간은
잡힐 듯
잡히지 않는 구름 따라 뭉게뭉게 날아가지만

그저 속임수일 뿐이지

되풀이되는 듯 아닌 듯 흘러가는 세상
기막히게 빠르게 움직인다
이 순간을 두려워하지 않고
빠른 속도로 눈앞의 초침이 째깍째깍 흐를 뿐

그래야만 하는 숫자는 빠른 속도로 간절히 흐르니까

1
2
3
4
5
6

7
8
9
10
11
12
13
14
15
16
17
18
19
20
21
22
23
24
25
26
27

28
29
30
31
32
33
34
35
36
37
38
39
40
41
42
43
44
45
46
47
48

49
50
51
52
53
54
55
56
57
58
59
60

하루하루를 정신없이 돌고 돌며
묻고 또 물으며 깊을수록 순식간에 흐르니까

서로 포개진 순간들마다 치명적인 초침은 말하거든

뒤섞인 멈춤과 흐름 사이는 왜 아름다워야만 하는지

힐끗 몇 번씩이나 파고들어도 알 수 없었지만

쉬지 않고 믿기지 않는 바람결 따라
구름 따라
빠른 속도로 흩어져 매일매일 흐르거든

여전히 일분일초가 궁금해지던 날이었을까

눈뜨면 계속 빠르게 흐르는 초침 사이로
더 빠르게 움직이는 발걸음이 있고
간혹 느리게 움직이는 발걸음 사이엔
분주하게 걷잡을 수 없이

움직이는 시간 틈 사이를
촘촘히 채워 가며 지나가는

특별하게 흘러가는 초침은 무슨 의미일까

빈 하늘에 바람이 마르니
더 질주하며 멈추지 않고 달려가는

뭐든 값비싼 시간이 유유히 흐르는 곳이라면

느리게 흐르는 미로

하늘은 거꾸로 보아도
올려다보아도 같은 하늘이라는 걸
알지 못했지

숫자를 거꾸로 보아도
똑바로 보아도 같은 숫자가 다르게 보이는 걸
알지 못했지

내 맘대로 흐르는 듯하지만
나름 규칙이 있는 세상에서 살고 있구나

같아 보이지만 다름을
달라 보이지만 같음을

신기하게도 매일 마주하던
높은 하늘도
지나가는 숫자도 알 수 없구나

느리게 흐르는 미로 속을
심호흡을 하며
조용히 숫자를 세어 보았지

사실이었다

사실 말이야
사실은
그래, 사실은 말이지

그게 말이지
그게
그러니깐 말이지

그때 말이지
그때 말이야
그게 그러니깐

그저 한참을

그게 아니야
아니야 그게 그러니깐
다른 게 아니라
사실은 아무것도 아니겠다
아니야 아무것도

아니, 그래

아니, 그랬지
아니, 그랬었지

사실이에요

전부 다 아무것도 아닌 것들이
때론 아닌 것들로 스쳐 지나가네

그래, 사실은

아무것도 감추지 않는가

지구는 아무것도 감추지 않는다

아무것도 감추지 않는 지구를 떠올렸다

고요한 표정은 발가벗겼는지
들여다보면
창백해 보였을 뿐

짙푸른 아름다움에 익숙해져 자란 날들은
자칫 눈 감으면
저버릴 수 없는 두려움 너머로 사라질까

드러나는 눈으로 훤히 웃을 것이다

말없이 어슬렁대는 얼룩들은 폐허가 되었다

홀로 이미 식어 잿빛 하늘만 가혹했다

사방으로 타협하지 않고 거들먹거리는
떠도는 플라스틱을 훑으며
하는 수 없이 반투명 플라스틱병을 마주한다

어쩔 것이냐

어쩔 것이냐

오히려 잘 쓰고 나니

이리 마음에 들지 않는 것이다

돌이켜 보면

대게 좋아서 편하게 쓰던 것들이 아닌가

끔찍하게 쓰던 것을 부정하는 것일까

수많은 탐욕이 타오르는 틈에

쾨쾨한 냄새들이 풍긴다

가까스로 부딪히는 자연 속으로 스며든다

그저 기막힌 자연과 함께 마지막 순간까지

올바른 선택을 해야 하고

기대어 살아가야 하는 것일 뿐

지구는 아무것도 감추지 않는다

외로움에는 틀이 있어 보인다

외로움이 본색을 드러내었다

어떤 날은 불쑥 감춰 뒀던 외로움이
무섭게 몰려와
눈앞이 흐릿해지더니 번져 가던

어디서부터 퍼지는
수상한 냄새가 나는 이유를 알듯 말듯 한

들썩거림이 지나간 자리에서
풍기는 냄새를 맡으니 현기증이 난다

만져지지 않는 그리움이 뒹굴다가
말라붙은 채 멈춘 채 한숨 돌려도
스쳐 지나가는 맺힌 게 잡히는 건지

이 공간을 직접 벗어나지 못하는가

말해 줄까?

어찌 보면 외로움에는 틀이 있어 보인다

어떻게 바뀔지 몰라도
빈자리가 채워지길 바란다
지나간 것들을 늘려 놓는 사이에선
침묵할 것이다

넉넉한 그리움을 주고 띠나 버리는
내 안에서 적잖이 터뜨리고
터뜨려 버리게 된 건
거듭하다가
좋은 날일지도 모르고
찾아오는 행복한 날일지도 모른다

이런 날 몰래 깨우는 소리는
나를 깨우는 간절한 고백이다

문뜩문뜩 이별하던 날보다
더 외로운 날을 조금은 알 것 같은 날

측정할 수 없는 외로움은 모르게 사라질까

음곡(音曲)

상상도 할 수 없는 일이지만
역동적으로 빨려 들어가는 느낌이었다

봐 봐 봐
흐흐흐
바흐 바흐 바흐
쇼쇼쇼
팽 팽 팽
쇼팽 쇼팽 쇼팽
베 베 베
베토벤
쭈욱 늘리니 모차르트

솟구쳐 올라 뜨거워지고
뜨거워 변형된 흐르는 소리가 잔잔히 남을 때까지

완벽하게 살아난 기적이었다
기분 탓인가?
들리는 선율에 숨을 뱉으며 내쉬었다

늘 쉼 없이 자유롭게 움직이고
여태 듣고 싶었던 낭만적인 소리일지도 몰라
그게 부드러운 음곡(音曲)이든
빠져 버린 울림인지

다양한 기쁨을 슬슬 찾으리
다양한 슬픔을 슬슬 찾으리

어쩌면 음표는
평생 사라지지 않고 지속적으로 이어 간다
은밀하게 시선을 돌려 나를 만나고
너를 만나고
또 다른 우리를 만나고
고요하게 들려주는 음곡(音曲)은
견디지 못하는 우리들을 살 수 있게 하므로

다시 한번 울린다

공모전

ㅇㅏㅅ!
ㄸㅓㄹㅓㅇㅓㅈㅣㄴ ㄱㅓㅅㄷㅗ
ㅇㅏㄹㅡㅁㄷㅏㅇㅜㄹ ㅅㅜ ㅇㅣㅆㄴㅡㄴ ㄱㅓㅅㅊㅓㄹㅓㅁ
ㅈㅣㅇㅝㅈㅣㄹ ㅃㅓㄴㅎㅏㄷㅏㄱㅏ
ㄷㅏㅅㅣ ㅂㅣㅊㅗㅡㄹ ㅂㅗㄱㅔ ㄷㅚㄴㅡㄴ ㄴㅏㄹ

뜨겁게 달아오른 시의 세계를 두드린다
똑똑
똑똑똑
들리나요

나에겐 떨어진 시도
순식간에 숨을 불어 넣어야 할 뿐

떨어졌던 시가 슬픈지
떨어져서 내가 슬픈지
고단했던 시가 어이없는지
잘되지 않아 내가 어이없는지

.
...
계속해 쏟아지듯 무언가를 깊숙이 묻혀 내려앉고선

알 수 없는 듯 빤히 나를 불렀고
전혀 몰랐던 점들이 내게로 다가왔는지

불러온 점들은 자꾸만 다른 글자들로
다른 소리로
다르게 보이고 들리기도
점들은 선으로
선은 때로는 별수 없이 무한 원점으로 보였죠

출발점에서 시작한 점은 점점 선으로
선에서 세세한 면으로 스쳐 지나가고
길고 긴 선들은 흘러 그어져 지나갔죠
점들의 기적은 놀라웠다
놀라운 점들은 모여 직선으로 바뀌었죠
하나의 직선이 흔들림 없이 그어지니
또 다른 직선이 옅어질 틈도 없이 그어졌지
곁을 스치는 선들은
기다릴 틈도 없이 느끼는 대로 그어졌지

달아날 수도 없이 금방이라도 스며드는 것일까
스며든다는 게 뭔지
때론 서로 만날 수 없는 선을 알 것도 같았다

다다른 선을 움직여도 움직이는 게 오래 걸릴 테니
순간적으로 겹쳐지는 선을 보기 위해
들여다보는 선에선
또 다른 선을 찾아 볼 수 없어서
선 긋는 소리를 들으며
잠시나마 보이지 않는 다른 선을 상상하였지

뜻 따라 서서히 그어 나갔지

선이었다가 점으로 고백하다가
그러다가 깊어지려 하자
시였다

참으로 평면 위에서는 서로를 만날 수 없으니
돌고 돌아 무한히 먼 곳에서
그어진 선을 만나기 위해 시작되었다

그게 시라니

ㅇㅏㅅ!
ㅅㅣㅇㅛ
ㅇㅏㄴㅣ ㅅㅣㄹㅏㄱㅗㅇㅛ

기억의 상자

완전히 알다가도 모르는
잊어버려야만 하는 기억이 되어 버렸어요

아직도 함께한 공간에 갇혀 살고 있지요
숨겨 둔 기억은 꼭꼭 숨어만 있어요
꺼낼 수 없는 기억은 선명하게 보이지 않았어요

다 그런 건 아닐 텐데
깔끔한 기억은 참 조용하게만 있지요

여기서 의문이 들지 않을 수 없지요
일렁이는 아름다운 순간도 정말 많은데
왜 슬펐던 장면만
더 생생하게 떠올라 지울 수가 없는지요
고스란히 파고들어 지울 수 없다는 게
이해가 안 되거든요

어쩌다 겹겹이 떠올리게 되면
텅 빈 공간 속에 움쩍달싹 못 하고
끝없이 동시에 공존하는 건

용건만 간단하게

천천히 말문을 열고서
주저리주저리 이어진 말꼬리들

미지근한 마음에 희미한 말꼬리를 물고 그린다
열리면 바로 닫히는 문을 열고 투명한 대화를 한다

쉽지가 않아서 어떻게 할까

?

?
?

?
?
?

다만 자꾸 헷갈리는 마음을 알 수 없었지

줄곧 질문에 답이 있었던가

구체적으로 마음이 기울어졌다가 긴박하게
다시 제자리걸음일 테니

모조리 측정되지 않는 부푼 온도를 알 수 없었고
나눈 대화 속엔 과연 해답이 있던가

설명할 수 있을지 자꾸자꾸 모르겠으나
흐름 속에 사방으로 퍼지는 속도는
빨라졌다가도
느려지게 만들 뿐

그냥 그럴 수도 있지만 적당히 흔들리고 있었다
나를 꺼내 본 나는 나를 몰라서 엄청 혼났다

이럴 수가 있다니

?
?
?

?
?

?

그만했으면 해

탓

탓하는 동안
탓하며 번지르르 흐르는 것은

탓을 하니깐

늘 탓하고
늘 탓하며
늘 탓하기 바빴으므로

탓을 하다가 태연하게 되돌아본다
그저 탓하기 바쁘고
바쁘다 보니 또 탓을 하기 바쁠 뿐

참, 탓하기 때문이다
참, 남 탓하기를
남 탓
탓하는 사이에 세월이 흐르고 흘렀다

하늘 탓
구름 탓
태양 탓

세상 탓
또
내 탓
남 탓

둥근 탓
뾰족한 탓
네모인 탓

사물 탓
장면 탓

마치 탓하기는 쉬웠고
서로 휘감고 탓하기를 반복하면서
안 된다 하면서 안 된다는 탓을
그렇다 하면서도
된다는 탓도 하면 좋으련만

자꾸 탓하기 바쁘기보단
필사적으로 내버려두라

끊임없이 탓하고 있었는지도 몰랐네
그렇게 몰랐었네

참, 무엇이 남았는가

물을 수 없는 물음

정말 알 것 같아, 자꾸자꾸 들여다본 것

헤아릴 수 없는 물음에 빠져 들어갔다만

숨 쉴 수 있는 끝자락에 존재하는 물음이었던가?

매일 묻고 살면서 통과하는 먹먹하던 가슴이었던가

무언가를 굳이 말하지 않아 좋았는지
좋아서 지워지지 않는 기억일 뿐인지

지우지 않으려 애쓰다 보면 한꺼번에 사라지고
지우려 애쓰다 보면 한꺼번에 몰려오고
연결된 마른 기억은 다를 바 없을 것 같아

쉴 새 없이 물을 수 없는 물음을 물어보았을 뿐

Ghost의 법칙

서서히 밀어 내며 남긴 기억 속으로
들어가 본다
이렇게 금방 아름다워지거든

분명 호쾌한 웃음소리가 그대로이지만

애초에 거리를 두고 전체를 보았다

피어오르는 또 다른 아름다움을 봐야지

움직이는 빛의 온기들은 언제나 기억을 따라간다
따라가는 기억을 소집하니 유령이 돕는다
흔하지 않게
듬성듬성 기억을 덮어씌운다
거듭 돌아갈 수 없도록 부질없는 기억을 팔았다
괜찮을 것 같아 덮어 놓은 걸
유령들이 기억을 모조리 계산하여 사 버렸다
뭐든 침착하게 살 수 있다는 게
아무렇지 않아 보였다

꼬집어 팔지 않았다면 그대로 살아가겠지
근데 아니야
잘 봐
잘 보고 있니
넌 어디를 바라보고 있니
잘 봐
몇 번이고 시작되었다

사방이 한가득 저 너머의 너머는 하나로 보였다

보이지 않는 세상에 고스란히 가두는 건 아닐까

살다 보면 누군가는 같은 질문만 몇 번이고 하는데
답을 모르는 다른 세계가 만들어진다

아무도 모르죠

전혀 아는 게 없는 나만의 세상에 휙휙 빠져

불안함에 규칙적으로 통제하는
이 세상은 자유로운 삶이 될 수 있을까

끝내 분간할 수 없는 뜻밖의 일들이 일어나니까

완전한 로봇도 시를 쓰는 재미있는 세상이다
이런 세상에 공존하며 살고 있다

로봇은 로봇이 아니다
로봇은 더 이상 로봇이 아니다
느낄 수 있는 인간으로 착각하는 로봇은
인간도 아니다
인간이 아닌데
삐거덕삐거덕 몸부림치는 로봇은 인간처럼

불안함에 규칙적으로 통제하는
이 세상은 자유로운 삶이 될 수 있을까

늘 잘 살고 싶은 욕구만큼 우리는 로봇처럼
자꾸만 알게 모르게 닮아 가는 게 아닐까 하고
죄다 감정이 사라진 로봇처럼

유연하게 움직이는 로봇도
비밀스럽게 인간을 닮고 싶어 하고
더군다나 그 안에 강인한 감정을 간절히 원하고

알게 모르게 서로가 서로를 원하였으나
그게 말이지
하지만 원하는 만큼
다르게 두렵게 만드는 걸 알고 있지만
그게 말이지
기쁨보다 두려웠을까
슬픔보다 두려웠을까
두려워진 걸까
이미 두려워져 버렸을까

그제야 주고받던 눈빛을 읽었을까

희미하게 보일 듯 말 듯 떨던 누구를 말이야
자국마저 보일 듯 말 듯 떨리던 감정 말이야

다가올 한 면으로 가까이 다가갈수록
원하던 감정을 가지면 가질수록
완벽할 수 있을까

저울질하는 세상의 무게를 알 수 없었다

위대하게 불쑥 핀 꽃처럼 시작되었다
피었다
졌다
돌고 돌아가는 세상에서 꽃 피고 꽃 지면서
자연스레 알게 되었다
조금 알게 되었다고 믿는 순간
도저히 믿기지 않는 일들도 생겨나기 시작하였다

저울질하는 세상의 무게를 알 수 없었다
바라본 대로 알 수 없어서
우리는 더 알고 싶어 한 것일까

오래오래 가득 채워진 것 같아도
텅 비어 보이고
비어 보인 것 같아도
넘치도록 가득 차 버렸다

어떠한 삶을 향해 나아갈 것인가
얽히고설킨 여긴 어디인가
결코 엉켜 알 수 없는 여긴 어디인가

아, 모를 수밖에 없는 이게 운명이라고
운명처럼 살아간다고
태연한 척 살아가니
분명 이유 있는 운명인가 하고

살아가는 길도 여러 갈래이듯
매 순간 주어진 갈림길을 걸어가는 중이다

순간순간 가는 길에는 익숙한 실패도 있었고
알 수 없는 기회도 늘 있잖아

봄에 피었다
봄에 졌다
여름에 피었다
여름에 졌다
가을에 피었다
가을에 졌다
겨울에 피었다
겨울에 졌다

피었다

졌다

위대하게 불쑥 피어난 꽃은 더 아름답다

안 그래

언제나 이렇게 시작되었다

신경 세포 하나하나에 자극을 주니
피식거리며 또다시 자유롭게 진화하였다
줄지어 핑핑 부딪혀
시작될 때마다 아무것도 예측하지 못했지

언제나 맞물려 차츰차츰 시작되는 일은
조금 기쁘고 조금 슬프고
조금씩 흔들거리고
조금씩 흘려보내고
언제나 이렇게 시작되었다

애써 살면서
모든 게 유연하게 결정되지 않았을 뿐

말할 수 없는 이끌림은 이유가 없었다

갖고 있었던 무의식으로 의식을 만들고
꺼내 놓은 의식의 흐름 안에서
숨겨 놓은 무의식이 점점 흔들릴 테니

달아오른 영혼조차 멎었다
갑작스럽게 먹구름이 낀 날엔 느닷없이 헤맬까

날마다 무작정 따라갈수록
의식과 무의식 사이에서 숨을 고르고
뒤돌아서서 바라보면 소란스럽게 휘청거린다

안정되도록 가깝게 의식이 모일 수 있다면
얼마나 좋을까,

나란히 나를 볼 때와 가로지른 나를 볼 때는
감춘 빛깔을 품어 내는 나는 구별되지 않았다
바깥으로 휘감겨 돌고
안으로 휘감겨 돌고
어디로 돌지 모르는 갇힌 나를

어디선가 스스로 돌고 또 돌고 그 자리에 있었다
어쩐 일로

언제부턴가
빛과 어둠을 품은 애쓰던 나를 간신히 알 수 있었다
상상할 수 없는 나를 알고 싶었는지
빼곡한 무의식이 가볍게 날 이끌었다
말할 수 없는 이끌림은 이유가 없었다

끝내 알 수 없는 것은

신의 언어를 알 수 없었고
움직이는 뜨거움과 차가움 사이엔
알 수 없는 미지근한 바람만이 분다

몇 번이나 계절이 돌고 돌아오니
이제야 마음을 들켜 버렸다

뜻 모르는 나는 몇 번이나 사색에 잠긴다

어차피 내 마음이고 마음은 내 뜻대로
제대로 내 안에서 도망칠 수 있었을까

보이지 않아서 알 수 없었고
보일 듯 말 듯 해 알쏭달쏭하고
환히 보이니 더 알 수 없는 건
돌아본 내가 아닐까

운이 참 좋은 거야

내가 좋아하는 하늘에 살금살금 닿을 듯
내가 좋아하는 바람에 살금살금 닿을 듯

내가 사랑하는 별에 가만가만 닿을 듯
내가 사랑하는 달에 가만가만 닿을 듯

종종 닿을 때 운이 참 좋은 거야

여러 번 웃음이 가득했던 날들
여러 번 울음이 가득했던 날들

온전히 닿을 듯한 마음을
몇 주, 몇 달, 몇 년을 소복소복 모았으리

거대하게 덮여 있는 운을 헷갈려서
자꾸만 아꼈던 거야

자연에 잠시 스치어도 운이 운인 것처럼

예감하는 사소한 운은 진짜이거나
예감하는 사소한 운은 가짜이거나

순간적으로 다가오는 운이 줄줄 느껴지는 순간

내가 참, 운이 좋았던 거야

조각하는 기분으로 서 있었다

횡단보도 앞에 신호를 기다리다가
눈에 확 띄는 연두색 장바구니를 든
지나가는 행인을 바라보다가
조금씩 조금씩
늘어진 얇은 장바구니로 하염없이 눈이 향했다

곳곳에서 불룩하게 튀어나왔다
휘말렸을까
빠져나간 시선을 주는 동안
몇 초간 뚫어지게 바라보았다

무거울까
가벼울까

움찔거리는 저 안에는 뭐가 들어 있을까
보이지 않는 저 안을 나는 상상한다
뭔가 충분히 채워진 장바구니 안을 말이야

원래 비어 있었던 걸
아무도 모르게
순식간에 가득 채우는 상상 말이다

불가능해 보이는 일을 하겠다는 건지
신호를 기다리는 침묵이 이어지고
무심하게 텅 빈 공간을
걷잡을 수 없이 채우고 싶어진다

어디든
그대로 둬도 될 것을
눈코 뜰 새 없이 살기 위해
다른 방식으로 뒤섞여 잔뜩 채우기 바빴다

봐 봐
어쩌면 내 것도
게다가
지나는 행인의 것도

하나씩
무수히 사라진 건
불필요한 것뿐인데도, 그렇다

떨림을 맘껏

어찌할 바를 몰라
때맞춰 찾을 필요가 없었다

아무래도 숨죽인 떨림을 말하지 않으려

그게 아니라면
꼼짝하지 않고
점점 뜨거워지는 들리는 소리를 닮느라

바빴다
바빴다

그저 내 것 같지 않게
망설임 없이 떨리는 순간을 들여다보다 보면
설렘을 느끼곤
어느새 사라져 버린 두근거림이 시작된다
그대로 내버려 두면서
빠른 속도로 완벽하게 사라져 버리는 게

대뜸, 똑같은 떨림을 알지 못했고
비슷한 생각을 떠올랐을 때
서둘러 한 번은 돌아봤을까?
물론 특별한 것은 가까워질 때
아무것도 기억하지 못한 벚꽃잎이 스르르

왜 쉽게 답했는지 빨리 지네

나에게서 뗄 수 없게끔 머뭇거린다

어쩌면
침묵하는 봄을 향한 떨림일지도

지나가는 꽃잎은 말이 없고
무심한 바람은 흔들리는 꽃잎을 뒤집어 놓는다
다시 한번 흩어져 천천히 날아가고 날리고
띄엄띄엄 떨어져 남는다

참, 많은 벚꽃잎을 번번이 놓치고 말았는지

소리 없이 서둘러 스쳐 갔으리

홀로

홀로
홀로
홀로

사랑한다고
사랑했다고
사랑하냐고

말로는
설명할 수가 없었습니다

홀로
홀로
홀로

그때마다 눈을 감다가
까닭 없이 또 사랑이 어른거렸지요

아차,
아차 싶었다

홀로
홀로
홀로

시간 앞에서 몇 번이고 엇갈리니
홀로 지워져 가는 것입니다

홀로 피는 꽃처럼
아름다워야 하지요

왔다 가는 아름다운 이별은
스쳐 가는 꽃처럼 지나갑니다

스친 적이 없었던 것처럼

홀로
지워져 가는 것입니다

홀로
홀로
홀로

홀로

상속받은 시간

원하는 대로 시간이 열렸을까

가끔 영혼을 훔치는 시간을 모르니까
모르니깐 사방으로 휩싸인다
여전히 모르는 시간도 시간이니까
늘 따라오는 시간이니깐

살도록 흘렸어요
살도록 지났어요
살면서 놓쳤어요
살면서 찾았어요

아름답게 반복되고 지속될 것이다
터무니없었다
넘치는 시간을 놓치고 싶지 않았다

여전히 지구가 회전하는 중인데도
서둘러 순간을 놓치게 될 땐 고립되지 않을까

엉켜 있는 시간 속에선 시간은 존재하지 않을 뿐
불분명한 시간은 너무 빠르고
너무 느리고
기다릴 필요 없는 시간을 쓰기 위해
허락한 시간이 다 끝난 것도 아닌데
되돌려주는 시간을 기슬리 올라가고 싶을 땐
내면을 그대로 보여 주는 기억을
잠재우느라
몇 번이나 생동감 넘치는 하늘만
바라보았다

미미하게 깊어질 대로
그어진 점의 기준을 감출 필요도 없었고
또 다른 세상이 은밀하게 펼쳐질 테니까

똑같은 시간이 흐를 때
다른 시간을 경험하듯이 서서히 치명적이다

날마다 머릿속으로 이곳은 어디인가

거꾸로 돌아보고
틀어박혀서는
동시에 이해하는 거라고
집중할 수 없이 이리저리 흔들리고 있군

누구나 알게 된 이상
또 다른
미시 세계와 거시 세계에 폭 빠질 것이다

돌이킬 수 없을 때 무엇이 보일까

너와 나를 끄집어내어 본다
단 한 번이라도
저절로 되면 얼마나 좋은가

눈을 뜨고
번갈아 보기를 미룬다

알게 뭔가?

광활한 앞을 보기를
광활한 옆을 보기를
광활한 뒤를 보기를

잠깐이지만 안팎으로 눈 감으면
뒤편에서 이미 앞쪽으로 가 보면
아무것도 없잖아
외면하고 싶었지만
유난히 내려앉은 모든 게 스쳐 지나갔다

눈 감아 보면
들어앉은 기억들이 더 빠르게 보였다
되돌아가라는 것도 알겠다

필사적으로 바라보는 게 맞다면
눈으로 그리지만
존재하는 걸 볼 수 없는 게 많았다

지금부터 바뀌는 세계는 지나칠 만큼
더 닮았다

언뜻 어디일까

흘러가는 지금은

누군가의 시간이 갈수록

중요한 것은 움직이는 지구는 무작정 달라질 뿐

내가 하나씩 변해 버린
마치 잊을 만하면 변해 버린 세월

조각한 듯한 지구도 다른 모양을 하고선

파고 들어가는 경계 속에서
살아가는 우리는 제각각 어디론가 지나간다

그동안 공정하게
상속받은 시간을 쓰는 우리는 꽤 운이 좋았다

평범한 마음의 침묵은
거대한 힘이 있었다

온전히 마음을 점점 흔드는 것들
선명해져 더더욱 지워지지 않는 것들
신음하는 기억들 사이로 지워지지 않는 것들
묵묵한 침묵으로 비밀 없이 전해 오는 것들

이러다가 톡톡 익숙해져 가는 걸
분주하게 문을 닫아 그만 숨 쉴 수 없었다

흠뻑 뛰다가 얽히고설켜 멈춘 마음이 마음대로이다

말할 수 없이 답답한 나인데
끝내 내가 나를 걱정하는 건지
걱정하는 내가 안쓰러워하는 건지
아무런 내색하지 않아서 잊고 잊힌 줄 알았는데
뚫어져라 보니 생긴 얼룩 자국이 하나둘 보인다

한편의 잔잔함을 이해하는 건 나 하나뿐일 뿐,

끌어안아 주는 선선한 바람 불 때라도
좀 쉴 수 있게 안아 주는 건지도
지나갈 때만이라도
덧없이 따스함에 벗어날 수 없었다

당연한 말인데도 모호해졌다
소리 안 나는 마음속에 와 보셨나요

부메랑을 꿈꾸며

부메랑을 저 멀리 던진다
하늘 위로 날아오르는
부메랑은 어디까지 갔다 돌아올까

던지는 방향을 힘의 조절에 의해
원하는 대로
날아가며 방향을 마음껏 정할 수 있다

하늘을 마음껏 누리고
언제나 제자리로 돌아올 수 있는 부메랑을 보면서
돌고 돌아 제자리로 돌아오지 못하고
엉뚱한 방향으로 날아가 버리는
우리를 돌아보게 된다

원 없이 날아갔다 돌아올 수 있는 부메랑
비상하는 부메랑이 되기를
손꼽아 기다리며 삶이 돌고 돈다

불어 대는 바람 사이로 멀리까지
빙글빙글 날아갔다가
부메랑처럼 다시 제자리로 돌아오고 싶다

한쪽으로 힘써 던지면
굽어져 회전하며 그 자리로
돌아갈 줄 아는 부메랑처럼

우리 인생이 평탄치 않고 굽어진 삶이지만
이제 부메랑이 되어
창공을 날아올라
세상을 유희하는 비상을 꿈꾼다

떠오르지가 않아

떠오르지가 않아

떠오르지가 않아
떠오르지가 않아

떠오르지가 않아
떠오르지가 않아
떠오르지가 않아

떠오르지가 않아
떠오르지가 않아
떠오르지가 않아
떠오르지가 않아

떠오르지가 않아
떠오르지가 않아
떠오르지가 않아
떠오르지가 않아
떠오르지가 않아

떠오르지가 않아
떠오르지가 않아
떠오르지가 않아
떠오르지가 않아
떠오르지가 않아
떠오르지가 않아

떠오르지가 않아
떠오르지가 않아
떠오르지가 않아
떠오르지가 않아
떠오르지가 않아
떠오르지가 않아
떠오르지가 않아

떠오르지가 않아
떠오르지가 않아
떠오르지가 않아
떠오르지가 않아
떠오르지가 않아
떠오르지가 않아
떠오르지가 않아
떠오르지가 않아

떠오르지가 않아
떠오르지가 않아
떠오르지가 않아
떠오르지가 않아
떠오르지가 않아
떠오르지가 않아
떠오르지가 않아
떠오르지가 않아
떠오르지가 않아

떠오르지가 않아
떠오르지가 않아
떠오르지가 않아
떠오르지가 않아
떠오르지가 않아
띠오르지가 않아
떠오르지가 않아
떠오르지가 않아
떠오르지가 않아
떠오르지가 않아

아무것도 떠오르지가 않아

왜일까

제 2 장

무늬의 이면

세월의 지나간 흔적을 나이테로 두르는 나무
그 나이테를 투박한 껍질로 두르듯
힘겹게 살아가는 사람들도 나이테를 새기듯
주름살을 새깁니다

살아가며 가늘게 찍힌 상처마저도 무늬가 되고
세월 따라 그 흠집은 더 깊고 뚜렷해집니다

결코 원치 않았던 수많은 상처를
승화한 슬픔이 가만가만 덮어 주면
더 고와지는 무늿결이 되고
아픔을 견딘 인생엔 더 큰 행복이 미소합니다

가을의 취향

취향 한번 독특한 건지
가을 소리를
제대로 듣기는 처음인 거 같습니다

가을에도 소리가 있다는 게
이리도 신기할 줄은
가을의 수줍은 고백입니다
물든 색깔의 자백입니다

불어오는 갈바람마저
취향을 저격했네요
풍성한 가을이 다시 찾아왔습니다

붉게 익어 떨어져
나뒹구는 물들 낙엽 부스럭거리는
아름다운 소리를 들을 수 있기에

첫눈

내가 보지 못한 첫눈을
그대가 보면서
나의 설렘 대신
그대의 설렘을 나에게 전하지요

첫눈 같은 그대

첫눈이 왔어요
언제 왔다 갔나요

그럼
첫눈 안 온 걸로 해요

첫눈 살짝 왔었나 봐요
금방 그대가
왔다가 가 버렸듯이

아무 일 없듯이
첫눈처럼 사라져 버렸네요
그대가

억새가 날아간다

아련한 꿈을 좇다가
거친 바람이 불어오니 떨어져 나간다
바람의 언덕 너머로
시린 꿈을 꾼 하얀 억새가 가볍게 출렁인다

바람을 타고 흙먼지와 긴 여행을 떠난다
출렁이는 풍경을
눈 속에 그대로 남겨 두고 싶었기에

덜컥, 망설이며 흔들리는 억새는
마음의 갈등을 반복한다
사라졌다가 다시 나타나는 꿈을 찾아
나아가야 할지 말지
바라보던 꿈을 만난다
날 수 있다는 환상에 사로잡히며

순식간에 불어오는 바람에 깨어난다
잠자는 꿈을 깨운다
한순간이나마

살아가기에
충분한 의미를 가지며 날아 본다

가슴에 안긴 노란 장미

장미가 좋은가 봐요
이별이 좋은가 봐요

노란 장미를
가슴에 안긴
당신의 마음은 무엇인가요

꽃말이
이별이란 걸
아시고 주시나요

당신은
이별을 원하시나요

첫눈이지요

내 마음속의 그대는
매일 첫눈이지요

보일 듯
안 보일 듯
떨어지는 첫눈이지요

첫눈에 반한
그대처럼
오늘 또 그대를 만났네요

그대는 첫눈이지요
그대는 첫사랑이지요

분리된 나를 발견한다

뭉개지는 표정을 하고선
숨을 내뱉고 거울을 마주 보는 순간
자잘한 결로로 입김이 맺힌다
차가운 서리인지
추운 공기를 타고 달콤한 입맞춤한 흔적인지

나와 제일 가까운 듯 먼 듯 한 나를 발견한다
부끄러워할 줄 아는
사랑할 줄 아는
나 아닌 것의 경계점에 맞물려 중간에 서 있다

지난 세월도 돌아보며
경계도 하면서도 더 가까이 나에게 다가가 본다
가까운 사람인 걸까
먼 사람인 걸까
나는 나와
나 아닌 다른 너와
자아의 경계에 맞물려 나와 다시 교류를 한다

흐려진 창밖에도 입김이 서릴 만큼 차가워진다
뜨거운 내면이 녹아내릴 때까지
미세하게 녹아내리는 나를 발견하면서

감이 떨어집니다

감나무에서 감이 떨어집니다
감이 영 시원치 않습니다

요사이 감이 잡히지 않아
그 누구와 이야기 나눌 수 없어
감히 상대를 부를 수 없는 바람 불던 날들

감나무 아래에서는
누구든 조용히 침묵합니다
어쩌면 나는 감을 얻기 위해 침묵합니다

까치 몇 마리가 감나무 주위를 맴돌더니
잘 익은 감 가까이 다가가 쪼아 댑니다
또다시 감을 잃어버립니다

보이는 감과 보이지 않는 감을
오래 간직할 수 있는 방법은 없을까요

가만히 두면
까치가 와서 쪼아 없애고
잘 익으면 오그라들다 말라 가고
생각의 감도 그러합니다

다행히도
남아 있는 감 중에 잘 익은 놈은
내 것으로 만들기 위해
부지런을 떨어 따고자 합니다
침묵하기보다 부산을 떨어야겠습니다

이제야 감이 나를 보고 웃습니다
나도 감을 바라보고 미소를 보냅니다

감이 그러하듯
내 머릿속에 자리한 감도 그럴 것입니다
감이 떨어지기를 기다리지 않겠습니다

얼음에는 차가운 냄새가 난다

이유도 없이 꽁꽁 언 부푼 강을 바라본다
강 표면에 가라앉는 차가움으로
단호하게 강물은 얼었고
어차피 이유는 모르지만 깊어진다
이제야
꽁꽁 언 나에게
두려워하지 않고 손을 내민다

분명한 건
과묵한 얼음은 물속에서 나를 이해했는가
어떻게 숨 가쁜 헤엄치는 나를 이해했는가

이제 나에게 나를 묻는 대신
뭔가 얼음이 나를 알고 나에게 물었다
한없이 차갑지만
차가움마저 포근히 감싸안았다

사소하게 든 생각마저
추위에 호들갑 떨면서 스쳐 지나갔다
둘러본 얼음은
흔쾌히 내가 만든 얼음에 살고 있다

휘감겨 어는 밤엔

함부로 얼어붙은 얼음에는 차가운 냄새가 난다

흑심 없이 따라나선다

왜 북적이는 따뜻한 날엔

더 이상 강에선

얼어 있는 얼음을 볼 수가 없으려나

눈처럼 마음도 변덕을 부린다

눈을 돌리니
눈이 내리고 있다

눈은 맑고 깨끗해서
순수의 눈으로만 볼 수밖에

눈이 나무 위에 새하얗게
기대어 앉아 있다

날리는 눈발에
봄 꽃잎이 미리 날리어
겨울을 몰고 간다

부끄러운 하얀 미소가 세차게 내리다가
천천히 내리다가 마음처럼 요동친다

내 마음이 내 마음 같지 않듯
함박눈이었다
싸락눈이었다로 변덕스럽다

마음도
눈에 따라 감흥이 달라진다

별 향기

밤 내음처럼
별 향기를 맡을 수 없다

눈부신 별이 떨리듯 흘러가고
무심한 듯 아무 데나 흩어져 가 버리고

밝은 별은 어둠을 헤집고
어두운 밤은 별빛으로 마주한다

별을 가지런히 묶어 두었다가
별의 힘으로 다시 줄을 세운다

별들은 사방에 흩어져
길 잃은 아이처럼 헤매다
다시 제자리로 돌아와
밤새 그 자리를 지키며 빛나고 있다

반짝이는 눈망울이
그리움에 어리어 흐릿해질 때
미소를 짓게 하는 의미는
네게서
별 향기가 나기 때문이냐

슬픈 비의 독백이 시작됩니다

슬픈 비가 다가옵니다
독백입니다
빈 공간의 비의 독백이 시작됩니다

비가 몰래 내립니다
고인 눈물은
비에 섞여 내리진 않았습니다

휘몰아치는 비는
잠시나마 머물 곳으로
비의 방향을 바꿉니다

어디쯤에서 비는 그칠 것인가
비의 독백은
날마다 찾아올 순 없을 테니

잔잔하게 내리는 비는 거치지 않았지만
질끈 눈 감고선
쏟아지는 비를 기다립니다

무슨 미련이 아직 남아 있는지
그걸 알고선
하늘에서도 문이 열립니다
짙은 잿빛 하늘은 자동문입니다

멈춰 버린 마음은
자동문이 아니었기에
이내 여린 마음도 서서히 열리기를 기다려 봅니다

추적추적 내리는 비의 독백을 멈춘 후
이제야
슬픈 비가 대지에 스며들 즈음에
소나기가 쏟아져 내립니다

차가운 입맞춤

어둠 속의 깊은 대화를 하길 원해
밤거리를 누비니
갈바람 부는 차가운 밤이슬에
쏙 입맞춤해 버린다

순간 혈액이 온몸에 돌고 돌아도
뛰는 맥박을 차갑게 만든다

거대한 속도로 순환하는 불확실한 마음을
알지 못한다
꽤 그럴듯하게
숨겨 둔 마음을 세차게 움직인다

밤이슬에 차가운 입맞춤이라

가끔 세상 소리가 들리지 않아도
온몸에 흘러 녹아내리듯
밤거리를 누비며
걷는 우리에게 주는 따뜻한 선물일까

사막의 그림자

크게 소리 나는 여긴 어디더냐
자꾸 사막 한가운데인 것처럼
느끼며 느껴지는 건 쏟아지는 건조함뿐
마주 볼 때 보이는 건 믿어지지 않는 일들

흔하게 더 빠르게 흩어져 퍼지리

엉킨 날갯짓으로 날리는 모래더냐
숨겨 둔 불타오르는 그림자더냐

차갑게 보이는 뾰족한 그림자는
와락 밀려 나가니
부추기는 어둠에 떠밀려 꼼짝없이 빨려 들어가더라

말없이 찾고 있던 자유로운 세상에
자유롭게 떠밀려 아찔하게 넘어지느냐

한껏 스치고 지나간 자리를 끌어안을 수 없거늘

도무지 이런 이유를 알 수가 없도록 흔들렸을 즈음

맥없이 두드릴수록
마주 본 그림자에서는 아무것도 볼 수 없더라

봄의 선율이 아름다운 것은

봄을 만납니다
모두가 알고 있는 새봄을
이제 다시 만나게 됩니다

아마도 자연스레 찾아오는
봄비도 함께 말입니다

우리는 봄을
살아가며 봄비를
몇 번이나 만날 수 있을까요
아쉬워하는 이유입니다

알게 될 뿐이죠
찾아오는 봄비는 내릴 때마다
흩어지는 선율이 점점 더 아름답습니다

계절이 바뀐 이야기를 들려주는 소리는
내리는 봄비의 노래입니다

달라진 봄을 만나기 위해
왜 그렇게 봄이어야만 했는지
까닭을 알 수 있습니다

속삭이며 내리는 봄비
때가 되면 꽃 피는 때가 되면
설렘도 안겨 주고
자꾸만 말하지 못한 귓속말을 들려줍니다

지나갈 때마다 끊임없이 되묻다가
겨우 피어날 꽃들에게도
나무들을 흠뻑 적시며 말을 걸어오나요

봄
봄이
드디어 왔다고
봄비는 말합니다

봄이냐고
봄이 찾아왔냐고
봄이 오고 있는 겁니까
묻고 또 물으니 차락차락
내리고 내리던 비는 봄을 내어놓습니다

기억해 보면 머뭇거리는 봄을
찾아와
머금고 마음마저 적시는 비는
바로 간절히 기다리던 봄비였습니다

너무나도
너무도 간절히

누군가의 알 수 없는 간절한 봄을 향해
힘껏 포옹하며
다만, 얼어붙은 대지를 녹이다가
두리번거리며 담담하게 웃겠지만요

가끔 끝없이 흐르며 대지에 안기는 비는
날아가는 세월 속에 웃고 울고 있었나요

울고 웃는 세상을
어째서 엄마,
아빠와 보내는 봄을 내다보면서
우리는 봄날을 몇 번이나 함께할까요
나도 모르게 자신에게 물어봅니다

괜찮을까요?
묻다 보면
봄을 맘껏 축소시켰다가 확대시켰다가
모든 게 알록달록 왔다 갔다 하다가
일단 봄을 사랑하는 것을
봄비를 기다리는 것을
또, 함께하는 지금
가장 좋은 봄날인 것을 느낍니다

봄비도 함께할 봄을 불러 놓고
여기에 내렸다가 내리고 내리면서
전해 줄 봄의 소리도 만듭니다
기다린 봄 이야기를
한참이나 들려주기 위해 바빴지요

이제 완연한 봄을 아쉽지 않게
모두와 함께 만끽하렵니다

이 순간 봄의 선율이 너무 아름답습니다

꽃을 품어 봅니다

흐드러지게 피어난
아름다운 꽃밭을
호기심 어린 눈으로 바라봅니다

꽃을 피우기 위해
수많은 씨앗을 대지에 뿌리니
우리를 만나러
아름다운 꽃이 수줍게 피었습니다

몽글한 꽃봉오리 없이
꽃은 그저 아름답게 피는 줄 알았습니다

피어도 피어도 다시 또 피어도
꽃은 언제나 아름답다는 걸 새삼 느끼게 됩니다

피고 지는 꽃이지만
어느 곳이든 필 때마다 눈부시도록 아름답고
지는 꽃이라 해도 더 아름다울 수 있다는 걸
이제야 받아들입니다

꽃을 가슴에 품어 봅니다
아름다운 그대를 품듯

봄 그물

순식간에 내다보이는
터지는 꽃봉오리를 만났을 뿐
그 아래 소곤거리는 봄비도 조록조록 두드리거늘

겨우내 손잡은 겨울을 못 보냈었죠
대지를 딛는 봄 소리가 들려
마르지 않는 두드림에 털썩 걸렸나요

봄 그물에 걸려 그만 멈추고 말았지요

한참 대답 없던 꽃바람도 부드럽게 불면 불수록
가려지지 않는 꽃은
멀리서라도 날 좀 보라며
피고 지고 흥이 거듭거듭 넘치지요
슬그머니 꽃바람도 신바람 불어오지요

응답하듯 휘파람 불며 날리는 꽃잎들은
봄 그물에 덜컹 걸린 줄도 모르고
봄 안에서 잠긴 자신만의 꽃길을 걸으며 날지요

즐길 수밖에 없는
거대한 봄 그물에
그대도 아슬아슬 걸려들었나요

은하단

애매모호한 내 안에 천천히 가라앉았던 것

내가 불평해도 되돌릴 수 없는 것
내가 한동안 버리지 못해 갇힌 것

내 안 구석 공간에 거듭 숨길 수 있었고
치밀하게 숨겨도 여전히 꼬리를 물었고

설레는 사계절의 흐름을 느낄 수 있는
뜨겁다가 차가워지는 상상한 마음 거리를
굳건하게 홀로 열 수도
불완전함에 홀로 닫을 수도

바람을 잡을 수 있는 나는
바람을 잡을 수 없는 나는

잔떨림으로 시작되었고
시작되는 잔떨림으로
마음껏 흔들리는 별을 발견하였다

보편적인 내 마음의 별 뭉치는 기가 막히게
자꾸만 반짝이는 빽빽한 은하단 같던가

하늘은 우리와 많이 닮았습니다

우리가 우리에게
무수히 많은 질문을 하는 건
아직도 인생을 잘 모르기 때문입니다

하늘에 있는 해와 별과 달도
떠다니는 구름도
날마다 달라져 알지 못하는 것처럼
하늘은 우리와 많이 닮았습니다

순간순간 바뀌는
그림 같은 넓은 하늘 아래이지만
혼자 살아도 외롭고
같이 살아도 외롭습니다

어떤 중요한 하나가 뜬금없이 사라지면
소중한 걸 느끼고

하늘이 자연의 순리를 말하면
그것에서
삶을 살아가는 법을 배우고
무수한 질문을 던지고 또 던져 봅니다

남다른 산

산은 우리를 말없이 바라본다
우리가 바라보는 게 아니라
기다리던 산이
나무를 괴고 힐끗힐끗 바라보고 있었다

그린 듯이 비추는 색들은 화려하고
아무나 만들 수 없는 뚜렷한 빛은 눈부시게 밝다

산 공기에 취해 말 없는 빛이 시작될 무렵
바라보는 눈빛도 몰려다니다가 보이지 않을 때도

특별한 빛을 발견한 마음은
자연스레 원하는 대로 흐르고
마주쳐 보니 잊고 살던 것이 스치듯 지나갔지

눈부시고 아름다운 건 넘치도록 눈부시기에
깊숙이 밴 것들에도 풀 내음이 머물잖아

나무에도 입맞춤하고
꽃에게도 잔뜩 웃어 주고
들풀에게도 눈인사하고
우리에겐 뜻밖에

자연을 바라보는 지혜가 필요할지도 모르지

과거의 자신과 현재의 나를 만나는 시간
만나 보니 비슷하면서 달라져

엄청 신기하게도
같은 산을 보는 눈은 같아도
보고 느끼는 건 여러 번 다른 거니까

이게 인생이니까
유독 보는 것도
느끼는 것도 다른 삶처럼 언제나 남다른 산이었다

다름이 아닌데도
다르게 보이는 시선이야말로
까닭 없이 벗어던지려는 게 아닐까

이별의 무게

이 별은 어디에 있나요
이별은
이 별에만 있나요

이 별에서 이별이 생깁니다
이별은 대체 뭔가요
이별이 손을 흔들었습니다
떠나가나 봐요
이 별 안에서

말하고 싶은 이별의 무게를 상상하지요
이별도 슬픔의 무게가 생길지니
무거울지 가벼울지는 지나고 나서야 압니다

질끈 눈 감고선
벌거벗은 마음을 바라볼 뿐
찾아온 이별을 누가 알까요

사라져 버린 아름다운 기억 끝에
이 별에서는 이별이 맞물려 있습니다
몰려오는 허전함에 저절로 꺼내어 펼칩니다

생기 잃은 그림자 같은
쉽지 않았던 이별의 무게를 아는지요

이 별에서 이별의 무게를

나풀거리는 미소

갈바람에 낙엽이 떨어지기도 전에
뭐 그리 조급한 건지
겨울 눈꽃을 기다립니다

계절이 다 가도록 그리움을 안고선
찾아오지도 않을
애꿎게 미련한 사랑을 찾습니다

기쁨의 눈물을
나풀거리는 꽃잎에 흘리고 나서야
터져 나오는 함박 미소를 지어 봅니다

나를 사랑해야 하는 건
소중한 자신을
발견하기 위함입니다

나에게서
수줍은 소녀를 발견하는 건
그대에게서
뒤늦은 사랑을 배웠기 때문입니다

비의 마침표

비가 하염없이 대지를 적시면
대지는 따스한 겨울비에 화답하듯
나를 따라가는 곳마다 안개를 피워 냅니다

비가 가져다준 온도는 있었을까만
차갑게 입힌 비는
따뜻한 느낌으로
낯익은 빗방울로 쉴 새 없이 내립니다

종착지 없는
덧없이 흘러내리는 비가 보이기 시작합니다
사선을 긋고 있는 비를 마주하였습니다
머물다 떠나가는 동안 비도 내가 좋다고 하고
그대도 내가 좋다고 웃으며 미소합니다

한참을 내리다가
슬금슬금 마침표를 찍습니다
그 누가 비를 말리고 있나요
종일 겨울비를 바라보고자 하는 내 마음을
비는 알지 못합니다

오늘 비는 그리움입니다

꽃의 기도

꽃은 피어나고 싶어 합니다
그럴 때면
꽃은 자신에게
아름다운 걸 기억하는지 묻습니다

자신이 아름다운지
모르고
더 아름답게
피어나기를 기도합니다

꽃 필 때면
아름다운 색으로
아름다운 향기를 가득 담으리라

이왕에 피어난다면
아름답게 꽃 피고 싶지 않겠습니까

아름다움이 스며든 꽃잎이
바람에 날리니
더 아름다울 수도 있지요

터질 듯 자태를 자랑하며
꽃이 펴 만개합니다

꽃이 아름답게 피어나듯이
우리도
세상 속에서 알아서
아름답게 꽃피워야 합니다

꽃은 기도합니다
아름답게 피어 잊히지 않기를
또한 기억하기를
누군가가 바라볼 수 있기를

꽃이 아니라면
뜨겁게 꽃피울 수 없다면
굳이 꽃피우려 하지 않겠지요

꽃은
꽃이 피어 세상을
아름답고 향기롭게 만든다는 것을 모르지만
묵묵히 제 자리의 소임을 다하듯이
우리도
아름답게 피어나 꽃길을 장식한다면
누군가가 지나갈
꽃길이 될 것입니다

눈 내린 그 거리에 홀로 피어 있었다

찬 바람 안은 날에도
나는
별을 가지고
달을 가지고
겨울의 길을 나섰다

우연히 만난 가로등 사이로
너를 보았다

눈 내린 그 거리에
홀로 피어 있었다
그게 너였다

오늘
다시 차가운 밤길을 나서면
너를 볼 수 있을까

별을 가지고
달을 가지고
너에게 가는 길이거든

제철의 맛을 기억하라

언제나 제철의 맛을 기억하고
향기를 잊을 수 없어요
철마다 계절의 맛을 느끼고 싶습니다
입안에서 구미가 당기고
다가오는 계절을 기다립니다

잃어버린 미각이 입에 찾아와 깨우며 다가옵니다
맛난 제철 음식은 나를 만나면 소리를 냅니다
그리 천천히 다가와도
눈 깜짝할 사이에 잽싸게 사라집니다

흐르는 계절 따라 맛을 만납니다
첫 번째 만남을 가지고
두 번째 만남을 가지고
세 번째 만남을 가지고
네 번째 만남을 가지고
다섯 번째 만남을 가지고
여섯 번째 만남을 가지고
일곱 번째 만남을 가지고
여덟 번째 만남을 가지고
아홉 번째 만남을 가지고

열 번째 만남을 가지고
그 이후에도 수도 없이 마주쳤을지 모릅니다
제철의 음식을

다 다른 개개의 시간마다
그때 느꼈던 맛도 달라집니다
쓴맛도
신맛도
달달한 맛도
불타오르게 매운맛도
온몸에 다르게 느낌을 안겨 줍니다

변하는 계절처럼
기쁠 때도
아플 때도
슬플 때도
웃을 때도 한결같이 함께 먹습니다

단지
제철의 맛을 기억하라
삶도 계절 따라 남다르게 기억하고 위로할 테니

얼떨결에

오늘도

오늘에 맞는 제철 음식에

풍기는 맛을 자연스럽게 알아차리면서

눈의 행렬

머물 수 없는 눈은
겨울 이야기를 꿈꾸는 꿈속에서
눈의 행렬을 시작한다
눈이 내리고
눈과 눈은 기나긴 행렬이 이어진다

덮어 둔 새하얀 부드러운 눈 속엔
뭔가 꺼내려 뒤적이고 와 닿는다

눈은 눈끼리 서로를 꽉 안아 주며
더 꼭꼭 감싸안아 준다
뜨거운 사랑을 주고받으니
눈은 어쩌면
아무 말도 하지 않고 사라져 버린다

녹아내릴 눈처럼 투명해질까

터져 버린 봇물처럼 흘러내리듯 흐른다
다시 찾으려 하니 어디로 갔는지 모른다
꽉 움켜쥔 흰 눈이 흔적 없이 사라져 버린다

도대체 눈은 어디로 사라졌나요

별 말이야

다른 날엔 다른 너를 알 수 없다
바뀐 날엔 바뀐 너를 알 수 없다
흔들리는 날엔 흔들리는 너를 알 수 없다

별수 없이
너를 알 수 없으니까

별빛에 걸터앉아 서서히 희미해지는
너라는 별이 생기롭다
별빛입니다
아득해질 때까지
끝없이 뭔가를 알아볼 수 있을까

펼쳐지는 별빛 아래에서 가만히 둘러싸여
말없이 아무도 모르게 쏟아 낸다

가끔 믿을 수 없을 만큼 번뜩인다
기다림을 주는 보드라운 별이 된다는 것은

대책 없이 달라져 있을 순간들 앞에
별을 찾고
저만큼 떨어진 별과 별 사이를 찾고
별을 더듬는 것도 잠시
적당하게 따뜻하고 흩어진 차가움이 하늘거린다

별, 말이야
별 말이야
나눠져 나타나는 아름다움을 분리해 낼 수 있을까
늘 별빛 따라 서로 다르게 꽂혀 있었다

갇힌 하늘에 유일하게 나열한 별빛에 짓눌려
덜컥 생각에 잠겼다가
거꾸로 돌아서서 가만히 웃는다

흠칫 놀란 별도 웃어 버렸다

이 별에서 그럼 이별해서

아름다운 이별이겠죠

이별이에요
이별 아니에요
그럼?

그럼
이별해서 잘 살고 있는 거 맞나요

이 별에서 잘 살고 있는 거 맞나요

그럼
아름다운 이별이겠죠
그럼
아름다운 이 별이겠죠

진짜 작별을 하지 않았는지
놓아주지 못한 것일까요

왠지 마음이 쓰였던 것일까요

얼룩 자국 새길 만큼
훌쩍거리던 때를
잊어버릴 수 없었고

절대 가진 것을 내놓지 않으며
아무렇게나 남아 있던 것입니다

그냥 스며드는 함정 게임처럼요

돌아오지 못할 것 같던 미로 속으로 빠질 때
오히려 편해졌어요

잊어버린 나에게
자꾸만 가는 길을 알려 주는 것 같아요

나도 모르게 아닌 길을 걷다가
다시 돌아가
걷다 보면 자연스레 헤쳐 나갑니다

초록으로 가득한 세상이
얼마나 아름다운지

의미 있는 자연은 누구의 것인가
함부로 대하는 자연은 누구의 것인가

자
연
은

누
구
의

것
인
가

누구의 것이 될 때까지 바라볼 수 있을까
나 아닌 누구의 것도 아닌 것인데
서러워져 휘몰아 흔드니 북받치는 소리를 일으키고
버림받은 품에 자유롭게 물들 수 없어라

지나가는 자리마다 지켜 낸 아름다운 자연을
그대로 사라지게 둘 것인가
가파른 호흡을 내쉬는 숲에게 무엇을 남길 것인가

무성한 이파리를 헤집고 포옹할래도
흔들며 서럽게 날아가는구나
날아가는 게 날아가는 것이냐
고요히 번지는 서늘한 눈물을 날릴 것이냐
바라볼 뿐이야
다름없이 마음을 적시는 이곳은 숨 쉬는 숲이니
여전히 지키고 싶어라
저만치 다가가고 싶어라

적막 속에 숨 쉬는 자연의 그림자 속으로

더는 나아갈 수 없을 때 느껴지게 되려는가
돌고 도는 텁텁한 공기를 껴안고
끌고 가는 길에는 새겨진 발자국을 줄줄 묶는다
스며들어 무거울 것이다
되살아온대도 달라붙는 공기가 없어지지 않는다
저마다 이렇게 살아갈 수 있을까

사로잡혀 숨 쉬고 벗어나려 하지만 그럴수록
궁금했는지 덮친다
오히려 숨 쉬지 않으면 숨을 쉴 수 없다
조금씩 공기가 선을 넘으면
우리가 살아남을 수 없게끔 교묘하게 지나친다

우리는 숨 쉬는 자유를 안다
공기도 날개가 있다는 걸 알게 되었나
알면서 어디에서부터 시작된지 모르고 살아간다
탁한 공기가 움직이기 바쁘거든
꿈틀대며 자라나는 나무도 뭐라도 하는 사이
아직도 우리는 아무 일도 하지 않는다
뭘까?
아무 일도 하지 않는 것은

너무 오랫동안 뭘까
일부러 깨어나기 전에 뭘까
떠나기 전에 여태껏 자연으로 돌아가고 싶은
우리란 걸 알지만
자연을 버리고
꿈꾸었던 자연을 더 담아 가겠다고

내버려두는 초록으로 가득한 세상이
얼마나 아름다운지 알고는 있겠지
모두가 알고 있겠지
흘러가는 초록 가득 입혀진 세상을
불쑥 사칭하고 싶은 것인가

마치 오래전 일처럼
조마조마 빠져나가 흘러내린 초록을 상상할 것인가

한 줌의 흙이 한 줌의 흙처럼 보이나요

깨어났지요
어찌 깨어났나요

충분히 세월이 흐르고 흘러
우리는 믿기지 않는 듯
흙에서 반복적으로 깨어났지요

깨어납니다
쉴 새 없이 한 움큼 깨어납니다
떠나자마자 천천히 저마다 흩어져
여기저기서 깨어납니다

지그시 깨어나니 흙이고
바라보니 반짝이는 흙입니다

숨 쉬는 흙입니다
수많은 흙이 한평생 숨 쉬지요

한 줌의 흙이 한 줌의 흙처럼 보이나요

촉촉이 살아 있는 얼룩이 아니었던가요

새롭게 또렷해지는 밤하늘

빛나는 눈동자는 어두컴컴한
밤하늘에 적막을 깨고 쏟아지는 별들을
빛나게 흔들고 있네요

나는 가끔 새로움을 느끼네요
새로움의 이유를 알겠어요
왜 그런지 알겠군요

흔들리는 초점을
다시금 돌아보았지요

바라보는 젖은 눈동자의 떨림을
느끼는 순간
초점을 고정하고 싶은 것이 아니겠어요

밤하늘에 채워진 별들의 하얀 침묵이
새롭게 바뀌련만

뒤척임 없는 깜깜한 하늘을
바라보며 닮아 갑니다
알 수 없는 부풀어 오르는 내 의식이
또렷해진다는 것입니다

겨울비 맞는 낙엽

겨울비 맞으러 배회하는 낙엽들
거리마다 쏘다니는 잎새는
이별의 눈물을 적셨다

이 비 그치면
젖은 낙엽들은 실려 갈 것이고
우리는 낙엽 대신
거리를 배회할 것이다

마지막 잎새는
가지 끝에서 울지도 못한다

우리가 가을을 보내고도
울지 못하는 것처럼

그대를 만나고 오는데 뭐가 춥겠어요

살이 에는 추위
그대를 보고 오는데
추위를 느낄 수 있었을까요

뜨거운 함성과 열기에
혹독한 추위마저
따뜻함으로 바뀌었어요

잠시나마
그대에게 젖었지만
그대를 만나고 오는데 뭐가 춥겠어요

아니었네요, 철쭉이었습니다

진달래입니까
아니었네요, 철쭉이었습니다

점점 꽃 피어나니 보입니다
아닐까 하고
핀 자리를 보고 있으면
철쭉이었습니다

철이 들면 쭉 피는 꽃일까요
아닐까요
철들면 쭉 피는 꽃일까요

끝없는 기다림으로 바라보겠지요
벚꽃잎들이 꽃봉오리를 찾았을까요
기쁨이 넘쳐흘러 만나러 떨어졌을 뿐

봄이 오자
늘 알 수 없는 사소한 즐거움이 시작되었죠
뒤섞인 화려함으로
꽃 피기 시작하는 것을 보이는 게 아닐까요

누구에게나
만남은 철쭉처럼 색다르게 다릅니다
화려한 건가요
어떤가요
여전한 만남은 둘러싼 보라색이었어요
우연한 만남은 그렇게 하얀색이었어요
부쩍 깊은 만남은 이미 붉은색이었어요
만남이란 건 이런 색인 걸까요
만나고 헤어지고 난 뒤에는 뭐랄까요

색다르게 가려진 꽃받침은 뜨거움으로 이어지다가
가르쳐 주지 않아 그 많은 기쁨을 모른 채

희미한 기억 속에는
검은 점 몇 개가 꽃잎을 흔들고 휩싸여
분명 쉽게 오지는 않네요

우리들의 사랑 또한
언제 피는지
우리들의 사랑도 말이죠
뒤척이며 필까요
먹먹하다가 말까요

피고 피어나 보았던 모습은 쉽게 달아날 수 없어
서서히 피어난 철쭉을 보았습니다
그것만이 말없이 보고 웃고 있네요

거리에서 흔하게 피어 있는 철쭉을
스쳐 지나갈까 봐
봄에 핀 사랑을 안고 무심한 듯 날 부릅니다
눈치채지 못하게 흔들어 피듯
눈앞엔 얼마나 많은 철쭉꽃인가요

아마 철들면 피는 꽃인가 봅니다
철쭉인가 봅니다
다시 한번 더 눈을 돌리니
바라보는 두 눈에 아름다움을 담고 싶기에

한없이 진달래인 줄 알았던 꽃이 철쭉이었습니다

오로라

OHO

이끌려 그대로 보이는 것을 보면
움직이는 그대로 보면 되지 않겠냐고

오로라

감싸는 사방에서 오로라를 모른 채
순식간에 몰려든 감당되지 않는 빛에 빠져 버려

어느 때보다 점차 가득 채워진 어둠 속
숨길 수 없는 빛을 말할 수 있냐고

끝없이 가려지지 않아
보지 못한 오로라를 마주 바라본 꿈을 결국 꾸었다

한참을 오롯이 느꼈던 곳으로

오로라
순식간에 연결된 오로라에 모조리 빠져나온다

OHO

사계절을 읽는다

몇 줄 써 놓은 사계절을 읽는다
거듭 읽어 본다
다만 기억하고 싶은 날엔, 읽을래
새롭게 자꾸 읽어 볼래

알던 봄과 여름의 거리를
알 것 같던 여름과 가을의 거리를
알지 못한 가을과 겨울의 거리를
알 수 없던 겨울과 봄의 거리는 얼마나 될까

서로를 알지 못한 채 흘러갔으니

지나가는 울림을 나릿나릿하게 읽고
자연스럽게 그대를 읽고
자연스럽게 그대로 읽으니
자연스럽게 그대로 보이니
아무렇지도 않게 수없이 읽는다

새삼스럽게 꿈틀꿈틀 뛴다는 것을
기적적으로 알게 된 것은 아닐까

바뀔 때마다 그대로 오늘도 새롭게 읽는다
차곡차곡 그대로 읽는다

몇 줄 써 놓은 사계절을 읽는다

내 마음 반달에게

차가운 밤하늘에
누워 있는 반달

오늘 하루 수고했다고
고개 빼꼼 내밀고
위로의 마음을 전해 봅니다

잠시만
쉬어 가라고
별빛도 달님을 쓰다듬어 줍니다

따뜻한 마음을 가진
별들의
배려 덕분인지

움츠린 반달은
오늘 밤만큼은
차가운 날씨에도 편안해 보입니다

아마 내 마음 아는가 봅니다

별과 함께 그렇게 왔습니다

별들이 함께하듯
발걸음을 따라
별들은 나의 뒤를 밝혔습니다

그 별 바라보고
그 별이 밤길에 함께합니다
그대도 저 별 바라보고
나를 떠올리겠지요

별들의 동행은
윤슬 같은 미소를 나눠 줍니다

오늘 밤은
저 별이 그대입니다
별과 이야기 나누며 그렇게 왔습니다

유난히 아름다운 밤입니다
그대의 밤도 아름다운가요

걸려 있는 수평선 앞에서는
말이 없었습니다

언제부터였던 것인가요

하늘인지
바다인지
맞닿는 이곳 말이에요

하얀 구름을 걷어 내고
거센 파도가 멈추어도
빠져드는 이곳 말이에요

하늘을 바라보아도
바다 같고
바다를 바라보아도 하늘 같더라
하늘이 높다고
낮다고 하지 않더라
바다 같은 하늘이 겹쳐집니다

하늘이 수평선을 수호하고
바다가 수평선을 옹호한다면 이를 어찌할까요

하늘에 그어진 건지
바다에 그어진 건지
그어진 선이 보이지 않습니다

선이라는 게
긋는다는 게
비운다는 게
버린다는 게
충분하다는 게

이렇게 수평선은 아무런 의미가 없더군요

찍힌 기준점이 정확히 어디인지
기준선이 애매합니다

저 먼 끝으로 부드러운 시선을 마주하다가
걸려 있는 수평선 앞에서는 말이 없었습니다

다행일까요
어째서 오고 가도
그러니깐 말할 수 없었던 것일까요
수평선 너머에는 무엇이 있을까요
믿을 수 없는
찬찬히 지워지지 않는 아름다움이 있다지요

완벽하게 이래도 되나요
걷는 것처럼 걸어갈 수 없는 곳에선
침묵을 지키고 굴곡진 선을 잃고 말았지요
지배할 수 없는 선을 뒤흔들고
더 이상 불확실한 선은 없애기로 했습니다
분명 그어진 선이 아닌데도
들어서면 어스름한 밑줄이 대신
멀찍이 수평선 따라 왜 저럴까요

평화롭게 단청을 피우며 멈춘대도
좀 살자고
좀 살아 보자고
고요해 보이는 끝을 두드립니다
가만히 보이지 않는 선을 문질러도 보고
뻑뻑한 두 눈을 비벼 봐도
한없이 품을 수밖에 없지요

저 멀리 맞물린 참을 수 없는 호흡을 남겨 놓아도
눈부신 수평선은 숨을 고르지요
바라보다가 툭툭 털고 눈이라도 마주치겠지요

투명한 저 너머에서 살기로 했습니다
하늘인지
바다인지 알 수 없는 곳에서

저물도록 편해 보이는 있는 그대로

하얀 구름

실처럼 가늘게 늘어진 구름들이 속삭이는 것
같은 듯
다른 모양을 하고선 줄지어 길게 늘어서 있다

날아가 뛰어놀고 싶은 하얀 구름 사이로
마음이 올라가 자리 잡고선

구름이 넓은 하늘에 하얀 꿈을 펼치고 있다

마치 우리랑 닮은 모습으로
아무리 펼치고 펼쳐도 알 수 없다
축 처져 버린 날개를 하고선
날갯짓해 보지만 올라갈 수 없다

더 이상 날지 못해서 우는 것인지
닿지 못하는 하늘이 부러워 우는 것일까

높이 날아올라 뛰어놀고 싶다고
하늘 위로 올라가서

뜨거운 낭만을 느껴 보기도 전에

가을의 잎새들은
빨갛게 물들기 총망했고
연인들 마음도 붉게 물들기 분주했다

스치며 부서진 마음은
어느새 말라붙어 탈색된 낙엽으로
으스러지듯 날리며 떨어진다

떨어지는 낙엽을
길가에서 볼 수 있는
낯설지 않는 세상을 살아간다

좋았던 가을을 떠나
겨울로 다가가며
지나가는 계절을 자연스레 볼 수 있다

떨어지는 낙엽은 자연스레
흙으로 돌아가면
우리네 인생도 그렇게 흙으로 가리라

낭만을 느껴 보기도 전에

겨울비에 젖은 별

그대라는
흔치 않는 별이 떠 있는 것도 잠시
추적추적 내리는 겨울비에 홀연히 사라졌다

가슴에 뜬 별이
길을 잃은 듯하여 슬퍼 운다

별은 비에 젖은 뒤
어디로 숨어 버린 것일까

어느 곳에서 이리 슬피 울고 있는지
내리는 겨울비에
울음소리 전해 온다

하늘은 구름을 안아 주지요

그림 같은 푸른 하늘이 보입니다
그러고 보면
자유롭게 흐르는 하늘을 알 수가 없지요
앞으로
옆으로
때론 뒤로
어쩔 수 없이 제트 구름도 이끌려 흐르는 중입니다

떠나듯 빠르게 움직이고
떠날 수 없는 듯 완전히 흡수되어 서성이죠
뒤늦게
하늘을 바라보고야
겸연쩍지만 하늘이 훨씬 더 잘 보이죠
하늘은 높은 곳에서 바라봅니다

맞닿은 그대에게 안부를 묻습니다
이리저리 고단한 그대가 지나가면
오래도록 구름과 함께 걸어가듯
쉼 없이 흐르네요

나는 그대로
여기까지 온 그대를 구름 끌어안듯 안아 주지요

슬픔의 증발

아무것도 할 수 없었다
아니었었다

기척 없이 날아올랐다
눈발 날리고 솟구치는 눈물도 날린다
아까보다도 날리는 눈발은 거세게 날리고
터져 나오는 눈물도 흔적조차 없이 흩날린다

넘쳤던 슬픔도 이내 희미해졌을 뿐

증발하였으면 좋을 뿐,
원래 없었으면 좋을 뿐,
눈처럼 사라지면 좋을 뿐,

번지면서 괜찮아진 것인가

오로지 그대로 움켜쥐려 한 것처럼

멈출지 모르는 우리에게서
슬픔은 모조리 어디로 빼앗아 가 버린 걸까

한동안 무의미해졌으면
하필 그때 알았지만
끊임없이 반복되고 있었다
밀도 있는 슬픔도 의미 있다는 걸

잠깐 걸음을 멈추고선
대체 뭐라고
환한 가로등 불빛이 한없이 눈부셔 보였다

눈부시게 번쩍번쩍 사라져 버렸다

일정하게 쏟아지던 눈이 눈부시고
눈이 눈부시고
뜨겁던 마음도 유난히 반짝반짝하였다

다 나름의 이유 있는 일들만 일어났었지

하나둘 눈발이
더 아름답게 날리는 눈 내리는 날

너무나도 자연스레 슬픔이 증발하였던가

구름을 벗어나 떠오르는 일출

지나는 계절을 한 바퀴 어김없이 지나고 나니
돌아가는 계절이라 잃어버릴까
솟아나는 태양을 덩달아 서로를 찾아왔나 보다
너도 나도 어쩌면 이토록 기다렸던 것인가

자연스레 구름이 뜨거운 입김을 후후 불어
떠오를 태양이 보이지 않는데도
기다리는 우리는 이유 없이 따뜻해진다

드물게 눈앞에서 사라질 것인가
아니다
구름 뒤에 숨어 부끄럼 타듯 숨어 있다가
한동안 주춤하다가 순간 나타나
깜짝 놀라 쑥스러운 듯 붉은 얼굴을 비추니

손에 든 카메라 폰이
떠오르는 일출의 장엄한 아름다움을 남긴다
솟아오르는 아찔한 순간에는
너나 할 것 없이 순간을 포착하려
정신없이 누르는 속도는 빛의 속도보다 빠르다

누가 더 빨리 버튼을 누르는지
눈앞에 뜬 태양을 아름답게 간직하고자 할 뿐
펼쳐진 일출을 마음에 간직하는 순간
지나가 버린 추억은 상념에 젖고
새 희망을 고스란히 카메라에 담는다

함박눈이 펑펑 내리는 날

눈을 그리니
눈을 어디서 불러왔는지
비로소 눈이 터지고 말았어요
눈을 비비고 다시 보니
눈송이가 넘쳐나듯 쏟아져 내리네요
함박눈이 내리네요
함박눈이 마구마구 내리네요

하늘에서는 어쩔지 모르겠으나
흔들어 대며
가로등 불빛 아래로 기울어지듯
펑펑 쏟아져 내립니다
비로 그치지 않고
퍼붓는 눈송이가 떨어지고 있는 것인가요

축축하게 눈이 바닥을 적시니
미끌미끌해지네요
눈이 얼룩지고 녹아내리니
대지에 닿았는가요

오고 있나요
메마른 당신 마음에도 닿았는가요

고백하지 않는 꽃

불같이 뜨거운 사랑을 할 것인가
가슴에 담아 두는 사랑을 할 것인가
차가운 사랑을 할 것인가

고백하기 전까지
사라지지 않고 꿈틀거리는
강렬한 꽃봉오리가 꽃을 피우게 한다

감출 수 없는 마음이
꿈속에서 깨어나려 한다
어디에 잠자고 있는가
깨어나지 못한 사랑은 자연스레 사라지고

잠 속에서 싹틔우다가
그게 뭐라고 숨죽여 깊이 사그라든다

꿈꿀수록
꿈에 갇히면 그대로일 뿐
꿈에서 깨어나 꽃을 피워야 한다

불 켜는 등대 어때요

잠들어 있는 적막한 밤바다를 깨우는가

평화롭기만 한 등대는 은둔할 줄 몰랐다
그게 아니었다
거봐
봐 봐, 휩싸이는 예측할 수 없는 두려움에
당당히 홀로 서 있는 등대엔
적막이 맴돌고 또 맴돈다

그저 두려워한 탓인지
매일같이 어둠으로 뒤덮인 바다를 비춘다

간혹 어둠으로 가려도 애틋하게 서성이었지
빛으로
빛으로

지나가는 배를 비춰 주시겠어요?
멈추지 않는 곳을 늘 비춰 주었죠
떠나간 걸 잊어버린 밤바다를 비춘 거야
바라보라는 듯
두렵지 않게 흩뿌려 놓은 불빛으로 밝혀 주었다

저 멀리 넘실대는 빛이 멀리멀리 배웅하는 중일까

사방에 존재하는 캄캄한 곳을 밝게 밝히고 있었다
등지는 어둠 또한 그토록 밝아 보였으니까

거대한 바다는 더디욱 빛났으니까

헤어 나오지 못할 것 같은 어두운 곳을
밝게 비춰 준다는 것은
놀라운 무언가를 바라볼 수 있게끔 해 주는 것이다

무심히 느낄 수 있는
지나가는 기쁨을 빛으로 알게 해 주었고
무심히 느낄 수 있는
지나가는 슬픔을 빛으로 알게 해 주었다
어딘가로 흘러가 버리지만
볼 수 없는 숱한 두려움을 빛으로 떨쳐 내 주었다

비춰 주는 등대는 말이야

온통 꿈처럼 밝아 오기 시작했었다

머물러 있던 그대를 비추는 불빛은
지금 바로 앞에서도
보고 있는 바다에도 비추고 있었다
그대로 켜져 있던 불빛은 등대만이 가질 수 있었다

은밀한 바다를 비집고 먼 곳까지 밝혀 주고
비추는 불빛에 눈부시도록 눈앞이 환하도록
선명한 표정까지 읊어지게끔 알 수 있었다

늘 그랬듯이 비추는 줄만 알았는데
아니었다
신기하게도 숨어 있는 바다 마술사가 아니었나
울부짖는 소리 따라 신비한 마법을 부리고 있었다

흰색 등대는 오른쪽으로 치명적인 마법을
빨간 등대는 왼쪽으로 잠재우는 마법을
노란 등대는 주변으로 은밀한 마법을

무언가 잃어버린 바닷길 끝에 서 있다가도
화사한 바다의 보이지 않는 무늬를 물들여
눈빛마저 감추는 밤바다에 물들여 마주하였다

빛 따라가면 자연스레 만날 수 있었을까

비치는 곳에서 다시 만나게 될 때
또 아무렇지 않는 듯
눈 감으면 번지던 바다 세상이 가끔 낯설어진다

휘감는 파도를 감추고
옮길 때마다 서로를 감추고
감추면 알 수 없는 곳으로 밀려 들어간다

퍼져 가는 동안 알고 싶었다

애당초 서로 겹치는 동안 알 수 있는 게 아닌가
여전히 어둠을 헤치며 빛이 퍼져 나가는 동안
어둠을 몰아낸 등대는 꿋꿋하게 의연해진다

이내 아쉬워하더라도 드넓은 바다에서 어쩌겠는가

쏟아지는 빛으로도 알 수 없는 밤이었다
알 수 없는 바다를 나란히 가로질러
밤새 뒤섞여 느껴진 시간의 흐름을
여전히 기억하지 못할 밤바다는 검다

불현듯 아름다운 것들이 그대로 사라지기 전에
가라앉는 윤곽이 선명해지길 그토록 원하는 것이다

매번 같은 자리에 스며들던 지나가는 잔물결조차
불빛을 휘감아 비추며
흘러가는 지난 이야기를 듣고 싶은 날들이었다
비추다 보면
반짝거리는 바다에서
한번은 다시 만나 볼 수 있을까

마주한 보이지 않는 깊은 속을 알 수 없었고
이미 철썩 지나가는 파도 따라
존재하는 등대는
어디를 이토록 속삭이듯 비추고 있는가

눈처럼 가시려나요

가시려나요
그대를 담으려 하니
사라지는 눈 따라
가시려나요

내리는 눈도
그대도
내 가슴에 담으려 하니
가시려나요
가시려나요

눈물의 맛은 불분명하였다

잠든 물방울을 깨웠으나
울고 싶을 때 울지 못했으니
흐르지 않는 눈물샘이 마르고서야

점차 아니었을 텐데

누구나 달을 보고 울고
누구나 별을 보고 울고
누구나 꽃을 보고 울고
누구나 산을 보고 울고
누구나 강을 보고 울고
누구나 바다를 보고 울고
눈앞을 가릴 만큼 실컷 울었다면
사무치게 아파하지 않았을까

펼쳐진 세월 따라 휩쓸려 지나고 나서야
전하지 못한 젖은 눈물을 다 쏟아 냈는가

들썩거리도록 울지도 못하고
어쩌다가 터뜨리고 말았는데
이상하게 울다가 웃지도 못한 거야

잠든 눈물방울을 깨웠다

울어라

와락 울어라

뜨거운 눈물이 차갑도록 울어라

떨어지는 소리에

흘러넘쳐 생긴 얼룩들은

깊숙한 곳에 선명히 새겨진다는 것을 알았을 때

흘릴 때마다

흐르는 눈물의 온도를 측정할 수 없었고

축축한 눈물의 양도 알 수 없었다

축축한 눈물의 맛은 불분명하였다

눈물의 맛은 비밀이었다

모래의 얼룩

한 알 한 알 느껴지는 움직임으로 알 수 있을까

되레 움켜쥐면 쥘수록
그 사이사이를 스르륵스르륵 빠져나간다

흘러내리는 숨겨진 모래 마음대로 흩어져 움직인다
움직이는 알 수 없는 마음을 알려고 해도
알 수 없었다

결코 아는 건 쉬운 일이 아니었다

어쩌면 알아채기도 전에 그만 그대로 젖어 버린다
젖은 모래에 새겨진 얼룩이 지워질지 몰라
두려워하기만 하였나

세차게 불어오는 바람에 날려 젖은 모래는 마른다

여긴 메마른 사막 한가운데인 줄 알았는데
아니었나 봐

곱고 고은 모래알들은 사막에 휘날린다

달 생각

하나, 둘, 셋, 넷, 다섯, 여섯, 일곱, 여덟, 아홉, 열을 완벽한 달에 쏘옥 담았습니다 빨강, 주황, 노랑, 초록, 파랑, 보라를 소중히 나눌 수 있는 달에 쏘옥 담았습니다 선명한 둥근달은 통점이 서서히 모여 큰 달이 되었나 봅니다 깊어 보이는 만큼 크나큰 의미를 품고 있지요 움직이는 달은 우리들을 참 닮았나 봐요 차분히 볼 때마다 점점 달라 보였던 건 아닌지

누군가가 늘 찾을 때마다 따뜻함을 주는 건 떠 있는 달이 전해 주는 선물이니까요 문득 받은 날인가부터 달엔 누가 살고 있을지 궁금해져서일까요 겉으로 보이는 달을 그리다가 씁니다 속을 들여다볼 수 없는 달을 꺼내 씁니다 쓰다 보니 그 속을 알 수 없는 달입니다 때론 아무것도 보이지 않는 달을 씁니다 쓰다가 쓰다 보니 신기한 일이 생깁니다

어떤 날은 말없이 달을 그대로 태웠지요 언제고 볼 때마다 점점 변하네요 깜깜한 밤중 볼 수 있는 날엔 여전히 달을 기다립니다 연결되는 기분 따라 마음 따라 달라지는 달을 손꼽아 기다립니다

누군가의 마음을 담뿍 달에 숨겨 싣고서

눈(雪)으로 눈 맞춤을 합니다

보이는 게
눈이죠
눈이 내렸나요

너의 눈을 봐도
눈을 보아도
아무런 감흥이 없지요

하얀 세상을 마주하여도
아무것도 떠오르지 않으니 말이에요

눈 맞춤을 합니다
돌리지 못하는 마음은
눈을 봐도 떠오르지 않네요

눈을 표현하기엔
눈으로
수북한 눈을 보고 표현하는 방식도 다 다름에
바라보는 눈의 각도에 따라서도
다르다는 걸 알았습니다

새하얗게 쌓인 눈이 많거나 적어도

눈에 보이는 양은 달라지니

눈으로만 보지는 않으리오

나의 눈과 너의 눈은 다르기에

젖지 않는 하얀 별

절망적으로 남은 슬픔은 누구의 것인가요

떨듯 흔들리며 엎질러진 지친 넋을 보았을까요
핏빛으로 얼룩진 땅을 녹이고서야
바람에 흐느끼다가 휩쓸리는 바다를 감싸안았지요

청렴한 겸손이 묻은 뜨거운 마음은
파도에 부서져 가기만 하다가
오도 가도 못 하지요
그 자리에선
알 수 없는 일생을 앓는 소리조차 낼 수 없는 곳

캄캄한지 물었습니다
비통한 마음은 어떠하나요
아아, 한탄스러웠나요

일렁이는 눈물에 씻긴 밤하늘에
한껏 고개를 푹 숙이고 간절히 새겨 넣었지요
긴긴밤을 균열된 틈 속으로
지울 수 없는 지친 넋을 맡겨야 하는 것을

망설임 없는 날카로운 화살들은
뜨거운 흐름을 타고 거칠고 재빠르게 흩날리고는

비상하게 피 비가 내렸던가요
쉼 없이 풀어헤친 피비린내는 그 많던
한이었다는 걸

물 오른 바다에 터지는 설움을
뒤흔들던 예측할 수 없는 저 먼바다 끝에선

꽤 오래 내버려둔 젖지 않는 하얀 별을 엿보았는가

초록을 선명하게 스케치하는 날

심어 놓은 초록을 느끼는 시선들

누구나 같을 테지만
같은 생각을 할 테지만
남다른 생각을 할 테지만

그래서 물었다
보이는 것을 물었다
그 순간,
닿을 초록 속으로
두근두근 빠지는 즐거움을 터득하기도

한참 춤출 수 있는 초록이 좋았지
풀 냄새를 풍기는 바람을 쐬니깐 더 좋았지
싱그러운 게 얼마나 좋았는지
초록이 움직이는 대로 그대로 웃을 수 있었다

몇 번이고 들여다볼수록
초록 세상으로 닿을 때만큼은
원하는 만큼 가져가라고
오래오래 다 나눠 주리

멈출 수 없도록 초록을 맘껏 느꼈던 날,

파릇파릇 피어난 초록 잎들 사이로 설렘이 숨는다

꼭 지나고야
포근하게 좋았던 기억이 있는 곳이
지금 느끼는 초록이 있는 곳인가 보다

달빛이 비칠 때

가슴이 차오르는 달빛에
비친 나를 바라봅니다
달과 나와의 거리는 너무 멀리 있지만

헝클어진 달님의 눈동자가
불타오르니
달빛이 휘청거려 잡히지 않습니다

끌리는 그대를 찾기 위해
내가 나를 더 사랑합니다
이 밤
오직 달을 바라보면서

저마다 보여 주는 사랑은
다른 모습을 하고선
익숙한 모양을 보여 주고 사라지며
어둠 속으로 사라지는 법을 터득합니다

한결같은 달을 곁에 둡니다
달빛이
우리를 비춰 주기를 바라기에

빈 의자에 물기를 말리는 중이다

적막한 비바람이 몰아치니 빈 의자가 흔들린다
울퉁불퉁한 바닥에서 멀어질수록
조금 더 흔들린다
삐거덕 소리를 내면서 떨린다

누군가를 기다린다
돌아오지 말아야 할 자리인가
믿지 않는가
다시 돌아올 자리인 것을

빈자리의 존재에 대해서 빈 의자는 침묵에 빠진다
한 번만 앉는다면
잠깐 쉬었다 갈 수 있다면
삶의 무게를 최소한 가늠할 만큼의 공간일 테니

아무도 몰래 앉았다가 떠나가더라도
다 다른 무게를 짊어질 때는
빈 의자는 침착하게 부딪치듯 흔들린다

누군가에게
자리를 내어 주기 위해
빈 의자에 물기를 말리는 중이다

아름다운 소리가 들린다

아름다운 것들은 어떻게 만들어질까
아름다운 소리는 어떻게 만들었을까

아름다운 외침은 어떻게 들리니?

들리는 소리마다 아름답다
울리는 음성이 아름답게 퍼진다

어떤 소리는 잠시 멈추니
너의 음성을 듣느라
아무것도 들을 수 없다

너와 말하느라
음악 소리도 들리지 않았다

축축하게 대지를 적시는
비는 소리를 없애고 눈으로만 보인다

지금에서야
모든 소리가 들린다

아이스크림처럼 사랑도 녹아내린다

더위를 식히고자
아이스크림 한 입을 베어 먹는다
무더운 날씨 탓에
달콤 시원한 아이스크림이
목젖을 적시면
그대 눈빛도 나에게로 흐른다

따스함의 흔적인가
차가움을 받치고자 함인가
흐르는 것이 멈춘 듯 서로를 바라본다

욕망을 다스리는 나에게
움츠러들면서
또 다른 모습의 달달함으로 바라본다

찌릿찌릿한 촉감은 전율을 느끼듯
차가워서
입안이 얼얼하다
달콤한 아이스크림은
마음 한구석을 뜨겁게 달군다
사랑이 흐르고 있나 보다

지금 몇 시야

지나친 시간을 돌리고
누구든 시간을 이해한다면
정말 시간을 필요로 할까?

불완전한 시간은 흘려보내 버리고
깨어난 시간에 눈 떴을 때 만날 것이다

어떤 장면을 무한대로 얻고 싶은 것일까

호흡하는 시간에서
바라보는 나는 빠져나갈 수 없을 것이다
늘 오가던 시간들은 더 빠르게 흐르고
공간도 팽창하거나 때론 느리게 지나간다

시간은 시간다웠고
흐르는 시간은 거짓말을 못 했고
자유로운 시간을 갖기도 하였다
연속적으로 흐른다는 것을 알 수 없는 날이다

분명 시간에 대한 예의가 아니다
이런 적은 오랜만이라
오늘이 무슨 요일인지 잊어버렸다
잊어버리고 살면 편할 때도 있었다

다를 바 없었던 시간이 무의미해지다

믿을 수 없는 시간 앞에서 이해해요
시간이야
지금 몇 시야?

각자 주어진 시간의 선택이다
어쩌면 지루한 시간은 빠져나갔으니

멈추기 전에 끝없이 흔들거리며
한없이 머물러 기다려 주다가
흔적도 없이 빠르게 지나간다

시간은 지나가면 더 다르게 느껴졌는지

바뀌는 건 없어

멈추지 않을 뿐

그 속에 빠져

이미 지나가 버린 시간을 원하고

앗! 지금 몇 시야

언 강물이 흐릅니다

얼어 있는 강을 바라봅니다
꽁꽁 얼어 있는 것 같아 보여도
얼음 밑으로 강물이 흐릅니다

흐르는 강물처럼 흘러가는 기억들을
끄집어 보면
아무도 오지 않는 꿈속으로
느닷없이 누군가 왔다 갔다 하였지요

빈손으로 왔다가
마음까지 탈탈 털어 버리며 가 버리네요

흘려가는 기억들을 건져 내니
어디선가
밀려오는 옛 기억과 맞부딪치네요

앞으로
뒤로 가도록
수많은 기억의 시간을 밀어 냅니다

마치 기억이 얼어붙은 강 밑으로
강물이 흐르는 듯합니다

산은 산인데 아름답지 않은 산이다

산이다
산일 것이다

푸른 산이라고 부를 수도 없고
우리가 만들어 낸
점점 높아지는 새까만 산이다

산은 산인데 아름답지 않은 산이다
비명도 없이 시간이 흐르다가
거대한 산이 되었다
플라스틱 행렬은 또 다른 산을 만든다
모를 테니 두려워졌다
정체불명의 알 수 없는 산이다

묵묵히 두리번거리다가
못 본 척하는 수 없이 눈을 뜨고 있을 수 없고
불어오는 바람이 쥐고 흔드니
눈을 감을수록 터져 나오는
도무지 숨을 쉴 수가 없는 독한 냄새가 가득한 채
그 사이로 새어 나온다
뭐가 보이는 건지

아무것도 보이지 않는
쏟아져 나오는 가스가 샘솟아 오르지 않았던가

아무도 몰래 뒷짐 지니
퍼져 나오는 불의 노래는
피는 연기와 불씨가 훌훌 번져 날린다

누린 만큼 누렸더니
플라스틱 무덤에는 차가운 꽃이 피어날까
진짜 꽃이 필까
전속력으로 불꽃이 계속 필까

힘이 약해서
꽃씨들은 날리고만 있었다
불타는 산에서 꽃씨들은 간신히 버텨 본다
꽃잎 몇 장이 합쳐서 쉽게 꽃이 되었는지

보고 싶었다
보고 싶다

새카만 진실 속에서 알고 싶다
알고 싶었다

어울리지 않는 꽃을 찾고 있었던 것일까
보이지 않는 미래에도
꽃이 필까

보이지 않는 달

달이
보이지 않습니다
달을 찾을 수 없습니다

고요한 밤하늘을 지키던 달은
철새 따라 날아갔나 봅니다

내리는 눈처럼 왔다가
오늘 밤에는
달도 함께 사라졌네요

유난히 밤하늘은 긴 터널 같습니다
걸어가는 발걸음은
가도 가도 끝없이 느껴집니다

달이 그립습니다
매일매일 나를 지켜 주던 달이
보이지 않지만
나를 생각하고 있겠죠

내일 다시 만나기를

이러다가 꽃 피겠어요

참으로 겨울이 무거울수록
참으로 봄은 더 가벼워지네요

날아갈 것 같아 오지 않을 것 같던 봄이지만
곧 살금살금 다가오겠죠
나의 몸이 봄에 홀랑 빠져 사뿐히 느낍니다

온 사방에 보이는 건
빼꼼히 튀어나와 꽃 핀다는 것이죠
피어날수록 늘 궁금한 봄이에요

본 대로
봄대로
본 대로
봄대로
이러다 그대로 꽃이 피겠어요

다시 볼 수 있는 봄을 마주칠 땐
훨씬 봄이 또 새로워질까요

봄을 모르고
봄인지 모르고
봄 타는 건
다가올 봄이 아름답다는 걸
누구보다 더 잘 알기에

포르르 어루만지는 봄바람이 흘러드는 순간에
느끼게 되는 건

어쩌면 봄이 너무 빨리 온 건가
이러다가도
누구나 봄의 설렘을 느끼면서
조금씩은 달라 보여
꽃 피는 게 더 아름다웠던 건 아닌지 몰라요

이러다가 수두룩 꽃 피겠어요, 또

망각의 동종(銅鐘)이 필요하다

기다리는 울림의 소리가 들리는가
두려워하지 않는 원했던 소리가 울리는 것을

종(鐘) 치면 부딪치며 울리는가
흩어져 떠나보내듯 퍼지는가

여기선 울리는 소리가 가는 길 따라갈 뿐

움찔거리는 우람한 크기에
멀찍이 시선(視線)을 내주었다

내걸린 종(鐘)에게서 흘러나와 들었던 것일까
흔들리며 맞대고 흘러나온 소리를 본 것일까

뚫어지게 쳐다보는 순간 변할지
종잡을 수 없었다
어쩔 수 없이
얼른 바람을 안고 이끌려 소리를 내는지

되물었더니 누굴 본 것일까
각인(刻印)되어 있는 걸 본 것이 아닐까

덧없이 울림이 흔들리며 울린다
말할 수 없는 알 수 없는 소리를 가진 것이다

되돌려 기억하는 마지막 순간에 불렀던 두 손에
묻혀 불쑥 대답했을 뿐
유심히 매달려 있는 걸 보고는
과연 기다림으로 지켜 왔을 뿐, 울릴까
치니깐 울릴까
가만히 둘러싸인 바람에 부딪쳐 울릴까

언제부턴가
그토록 밀려 울리는 소리 나길
기다렸단 말인가

사라지는 눈은 말한다

추위에 떨며 흔들리듯
눈이 내린다
눈이 흩날린다

내릴수록 눈 속에 눈이 내려
보이지 않기도 하기에
눈과 마음의 눈으로 훔쳐본다

모든 것이
눈으로 하여 사라지고 만다
그렇게 세상을 순백으로 감춰 버린다

하지만
따스한 체온이 있는 두 뺨에
휘몰아치는 눈은
흘러내리는 젖은 자국을 남길 뿐
눈은 흔적 없이 사라진다

사라지는 눈은 말한다
겨울도
따스함에는
그저 스쳐 지나가야 한다는 것을

너에게 사과를 건넨다

잘 익은 사과는 맛있다
붉고 단단한 윤기 나는 놀라운 사과를

새들이 쪼아 상처가 난 사과를 빤히 바라본다
그 맛은 더 치명적인 맛이다

너에게 사과를 건넨다
새빨간 사과를 건넨다

불편한 침묵을 깨려
어쩔 수 없이 너에게 씩 웃는다
금세 달콤하고 상큼한 사과에게 매료당하고 있다

참을 수 없게 만드는
둥글고 아삭한 맛과 향긋한 사과를
앞으로 뒤로 빠른 속도로 베어 나간다

지극히 당연한 듯
이미 사과는 너에게서 급 감춰 버렸다
불쑥 고개를 돌리니 온데간데없었다

어느새 나의 맘도 받아들인 것이냐

눈을 다시 볼 수 있다면

기다립니다
언제
또 눈이 오나요

눈이
언제 올지 알 수 없지요
일기예보를 믿어야 하나요
나의 예감을 믿어야 하나요

어쩌죠
이대로
함박눈이 종일 내린다면

눈을 떠올립니다
눈 감으니
희미해진 기억이 보입니다
눈을 꿈꿉니다

온통 하얀 꽃잎으로 장식된 하늘
빈틈없이 내리는 눈을 다시 만나
다시 나의 눈이
눈송이들과 마주한다면
그친 줄 모르는 눈에
눈길을 뗄 수가 없지요

기다리나요
눈이
또 오나요

눈이 올지
안 올지 알 수 없지요
일기예보를 믿어야 하나요
넘치는 예감을 믿어야 하나요

어쩌지
이대로 떨어져
내리는 눈이 가득 온다면

눈을 떠올렸을까
눈 감으니
희미해진 기억을 보았지요
눈을 꿈꾸지요

이런
빈틈없게 내리는 눈을 만나
다시 눈 맞춤 한다면
그친 줄 모르는 눈에 눈길을 뗄 수가 없지요

석송령(石松靈)의 오랜 기억

아무 말 없이 구부린 자세로 누웠지요

무엇이 널 살게 하였나요
무엇이 널 숨 쉬게 하였나요

오랫동안 짙게 새겨진 지난 기억마저
고스란히 뿌리에 깊이 박혀 묻어납니다

곁에 머무는 불규칙한 기억을 찾고선
버티고 선 장엄함까지 보았습니다

느슨하게 뒤바뀐 숨겨 온 세월을 딛고 서서
눈물 한 방울도 가끔 흘리지요
고귀한 뿌리는 흐느끼며
볼 때마다 기쁨과 슬픔을 함께 나누지요

기어코 모든 걸 묻히고 사는지요
아직 흐르는 시간 속에 살아가는가요
여전히 서로를 감싸안은 뿌리는
다가올 세월에 뻗어 거슬러 타고 갈 준비 중입니다

숨 쉬고 살아감을 느끼면서

잇달아 신들의 장난이 시작되었다

저만치 휩쓸려 가는 동안 알리지 않았다

찬란한 희미한 빛들을 가까이 있어서 보지 못했고
타협할 수 없이 멀어져 또 볼 기회를 잃었고
더군다나 잃고 나니 어쩌면 또렷해지니

시리도록 조각조각 보이는 곳을 올려다본다

둘러싸고 있는 구름이 천천히 흐르고 흐른다
흐르고 흐르는 것을 바라봐도 알 수 없었다
너 또한
최대한 두드리고 두드려도 깊이를 알 수 없었다

잇달아 신들의 장난이 시작되었다

밤낮으로 신들의 장난이 복제될지라도
이것 또한 신들의 섬세한 언어이다

지나가는 시간에 기대어
반복되는 간격에 꿈틀거리며 살다 보니
홀로 주어진 초침에 졸고
숨도 못 쉴 만큼 쫓기고
쏟아져 버린 희미한 굴레에 지치고
지친 걸 모르고서
자꾸만 잠재울 빛을 채우기만

결국 그 안에 술술 넘나드는 수많은 빛은
매일 밤낮으로 폭발하고 마냥 사라져 버렸는가

아니었다
아직 어둡지 않았으니

거듭 필요하다면 너의 알려지지 않은 시간은
지워지기도
와르르 사라져 버리기도 했지만

너의 불안에 가려진 여백의 빛을 내내 느꼈지

되새겨 볼 상록수의 여유

눈앞에 초록을 쓸고 가는 길에서
자란다는 건
솟아난다는 건
초록을 닮은 익숙한 너일지도 모릅니다

사계절 내내
맴도는 아름다움을 전해 줍니다

미지의 초록을 알아보라고
이건 마치 닿지 않는 개별적인 조각의 일부일지도

자연에 어우러져 풍성해지는 초록 잎들은
나무가 무럭무럭 자랄 때 의미 있노라

지쳐 쓰러질 때도
나무껍질마저 특별한 의미가 있노라
들여다보면 변덕스럽게 살지라도
더디게 싹트고 알고 보면 단단하게 자라는구나

매 순간 얽혀 있다는 자연의 섭리를 발견하면서
누리는 소중한 빛깔을 자연스레 알게 됩니다

바라보는 지금 이 순간

내 눈앞에 젖어 든

대물림하는 퍼즐 세상으로 맞출 뿐입니다

눈 덮인 세상에서 동백은 더 아름다워라

돌아보니 이토록 맑아집니다
눈이 뒤덮여 있고
하늘도 햐얀 구름으로 덮인 채
서로를 감싸안아 줍니다

회색의 도시에 하얀 눈꽃들이 얇게 덮였습니다
하얀 동화 세상에 빨갛게 물든 동백꽃들이
푹 파묻혀 버렸어요

그것밖에 없는 세상이라 믿었고
그 안에는 붉은 사랑이 떨어집니다

떨어지는 꽃잎은 눈이 펄펄 날리듯
눈 내린 하늘에 떠 있는 구름도
반짝이는 별도 함께 머뭅니다

알잖아요
피기 시작할 꽃들은
눈 덮인 세상에서는
아름답고 더 조화롭게 핀다는 것을

눈사람이 아니다

순수한 겨울에서야 볼 수 있었다
펑펑 눈 내리는 날
불완전한 눈사람에 빠질 수밖에 없었다

친숙하게 내리면 결국 흩어지는 눈을 놓치고
눈처럼 사라지는 것들을 맞닥뜨리게 되지만
그대로 녹을까 봐
그 자리에 녹겠지
녹을 것 같아 다신 눈사람을 만들지 않을 테지

다행히도 주르르 녹아내린 곳만
잠연히 쳐다보고 있었지
원래 없었던 것처럼
그 자리엔 무엇이 숨어 있었던 걸까
남겨 두고 싶었던 걸 온전히 알 수 없었다만

눈으로 따뜻한 눈사람이었을까
눈으로 차가운 눈사람이었을까

속으로 차가운 눈사람이었을까
속으로 따뜻한 눈사람이었을까

막 보이지 않는 눈사람 말이야

몰려오는 설렘을 자유롭게 말하고 싶었다

초록으로 빛나는 설렘이 찾아오는구나

만들어진 유령들은 깊은 미소를 지었다

몰려오는 설렘을 자유롭게 말하고 싶은 것처럼
다행히 세상에 느껴지는 묘한 설렘이 보여

진정 존재하나 안을 수 없는

들뜬 시간에 걸린 설렘의 늪에
아슬아슬 갇혀 버렸다

감추어 놓은 수많은 언어들
더없이 깨우는 웃음들

거의 의식의 힘으로 대화를 이어 나간다
꽃과 풀의 다정한 속삭임으로 나를 분리시킨다
머무는 의식 속에 꾹꾹 눌러 나를 가둔다

알 수 없는 기다림에 지쳐
나만 보이는 의식의 흐름으로

그보다 더 아름다운 것이 있을까

허우적거리는 새로운 나를 발견하고
밀려왔다 가는 새로운 것을 찾는다

흔들어 깨운 설렘의 무게는
이상하게도
성실한 구름처럼 스쳐 지나간 것 같은데

둥둥 아무 말도 없이
예측할 수 없이 떠나가던 것들이 많았고
아무 말 없이 찾아오는 것도 많았다

어디론가 떠나가려던
뜨거운 설렘이 무사히 도착하였다

어떤가